Cuaderno de práctica adicional

GRADO 3 TEMAS 1 a 16

ёnVision® Matemáticas

ISBN-13: 978-0-13-496291-7
ISBN-10: 0-13-496291-5

5 2022

Grado 3 Temas 1 a 16

Nombre _____

¡Revisemos!

Cada uno de los grupos siguientes tiene la misma cantidad de cuadrados. Hay 5 grupos de 4 cuadrados.

20 cuadrados				
4	4	4	4	4

Una ecuación de suma o una ecuación de multiplicación puede representar la cantidad total de cuadrados.

$4 + 4 + 4 + 4 + 4 = 20$
$5 \times 4 = 20$

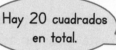
Hay 20 cuadrados en total.

Para **1** y **2**, usa las ilustraciones como ayuda.

1.

4 grupos de _____

$4 + 4 + 4 + 4 =$ _____

$4 \times$ _____ $=$ _____

2.

32			
8	8	8	8

_____ grupos de 8

_____ + _____ + _____ + _____ = 32

_____ $\times 8 =$ _____

Para **3** y **4**, escribe la ecuación de suma como una ecuación de multiplicación.

3. $3 + 3 + 3 + 3 + 3 = 15$

4. $7 + 7 + 7 = 21$

Para **5** a **8**, escribe la ecuación de multiplicación como una ecuación de suma.

5. $5 \times 5 = 25$

6. $6 \times 2 = 12$

7. $3 \times 4 = 12$

8. $5 \times 6 = 30$

9. Juan compró 3 bolsas de cuentas. Cada bolsa contiene 7 cuentas. Completa el diagrama de barras y escribe una ecuación de suma y una ecuación de multiplicación para mostrar cuántas cuentas compró Juan. ¿Cómo se relacionan las dos ecuaciones?

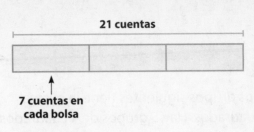

10. Mateo compró 4 cajas de 6 marcadores cada una. Escribió esta ecuación de suma para mostrar cuántos marcadores compró: $6 + 6 + 6 + 6 = 24$. ¿Qué ecuación de multiplicación podría haber escrito Mateo para representar esta situación?

11. enVision® STEM Algunos científicos piensan que los gansos vuelan en grupos en forma de V para ahorrar energía. Elena ve 3 grupos. Cada grupo tiene 9 gansos. ¿Cuántos gansos ve en total? Escribe una ecuación de suma y una ecuación de multiplicación.

12. Evaluar el razonamiento Cindy hizo este dibujo para mostrar 3 grupos de 3.

¿Es correcto el dibujo de Cindy? Explica por qué.

13. Razonamiento de orden superior Marion tiene 4 tarjetas, Jano tiene 4 tarjetas y Sam tiene 3 tarjetas. ¿Puedes escribir una ecuación de multiplicación para hallar cuántas tarjetas tienen en total? Explica por qué.

☑ **Práctica para la evaluación**

14. Martín tiene 15 monedas y las acomoda en pilas iguales. ¿Qué oración podría usar Martín para describir sus pilas? Selecciona todas las que apliquen.

☐ Martín hizo 3 pilas de 5 monedas.

☐ Martín hizo 2 pilas de 7 monedas.

☐ Martín hizo 3 pilas de 6 monedas.

☐ Martín hizo 5 pilas de 3 monedas.

☐ Martín hizo 8 pilas de 2 monedas.

15. Anthony agrupa 8 camisas en grupos iguales. ¿Qué oración podría usar Anthony para describir sus grupos? Selecciona todas las que apliquen.

☐ Anthony hizo 2 grupos de 3.

☐ Anthony hizo 2 grupos de 4.

☐ Anthony hizo 4 grupos de 4.

☐ Anthony hizo 2 grupos de 2.

☐ Anthony hizo 4 grupos de 2.

Nombre _____

Práctica   Herramientas

¡Revisemos!

Un paquete contiene 4 barras de fruta.
Abby compra 5 paquetes. ¿Cuántas barras
de fruta compra?

Usa una recta numérica. Cuenta de 4 en 4
cinco veces.

Puedes usar una recta numérica para mostrar 5 × 4.

```
    4       8      12      16      20
  ⌢   ⌢   ⌢   ⌢   ⌢
←─┼─┼─┼─┼─┼─┼─┼─┼─┼─┼─┼─┼─┼─┼─┼─┼─┼─┼─┼─┼─┼─┼─┼─┼─┼─→
  0 1 2 3 4 5 6 7 8 9 10 11 12 13 14 15 16 17 18 19 20 21 22 23 24 25
```

Cantidad de saltos: 5   Número en cada salto: 4

5 × 4 = 20 Abby compra 20 barras de fruta.

Para **1** a **3**, usa la recta numérica.

1. Jack puso 2 fotos en cada una de 7 páginas de su álbum. ¿Cuántas fotos puso?
Completa la recta numérica con las flechas de saltos que faltan.

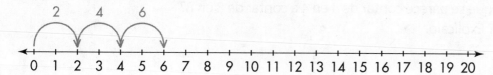

Cantidad de saltos: _____   Número en cada salto: _____

_____ × _____ = _____

Jack puso _____ fotos.

2. ¿Por qué cuentas de 2 en 2 en la recta numérica?

3. ¿Por qué haces 7 saltos en la recta numérica?

---

4. Tony compró 7 paquetes de pastelitos. En cada paquete hay 3 pastelitos.
¿Cuántos pastelitos compró Tony en total? Usa la recta numérica para
ayudarte a hallar la respuesta.

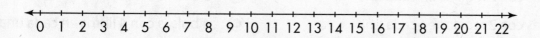

5. La clase de la Sra. Calvino tiene 6 filas de escritorios. Cada fila tiene 4 escritorios. Explica cómo contar salteado para hallar cuántos escritorios hay.

6. Alyssa ahorró $77 cortando céspedes. Gasta $34 en artículos escolares. ¿Cuánto le queda de sus ahorros?

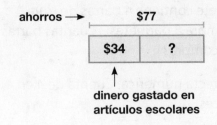

7. Evaluar el razonamiento Tina dibujó esta recta numérica para mostrar $5 \times 3 = 15$.

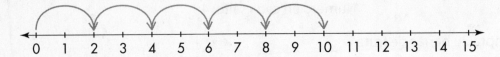

¿Es correcta su recta numérica? ¿Por qué?

8. Razonamiento de orden superior Dibuja una recta numérica para comparar contar salteado de 4 en 4 cuatro veces y contar salteado de 8 en 8 dos veces. ¿En qué se parece contar de 4 en 4 a contar de 8 en 8? ¿En qué se diferencia? Explícalo.

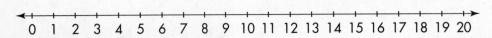

▶ **Práctica para la evaluación**

9. ¿Cuál de los siguientes contextos refleja lo que representa la recta numérica y la expresión 7×2?

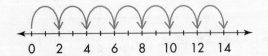

Ⓐ 7 cajas con 7 regalos en cada una

Ⓑ 7 cajas con 2 regalos en cada una

Ⓒ 2 cajas con 2 regalos en cada una

Ⓓ 2 cajas con 7 regalos en cada una

10. ¿Cuál de los siguientes contextos refleja lo que representa la recta numérica y la expresión 4×4?

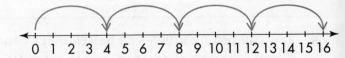

Ⓐ 4 bolsas con 5 libros en cada una

Ⓑ 3 bolsas con 4 libros en cada una

Ⓒ 4 bolsas con 4 libros en cada una

Ⓓ 5 bolsas con 4 libros en cada una

4 **Tema 1** | Lección 1-2

Práctica   Herramientas

¡Revisemos!

Scott ordenó algunas manzanas en matrices.
¿Cuántas manzanas hay en cada matriz?

$3 \times 2 = 6$ $2 \times 3 = 6$

Hay 6 manzanas en cada matriz.

Puedes usar la propiedad conmutativa de la multiplicación para multiplicar números en cualquier orden.
$3 \times 2 = 2 \times 3$

Para **1** a **3**, completa los espacios en blanco para mostrar contar salteado y la multiplicación en cada matriz.

1.

3,___, ___

$3 \times$ ___ $= 9$

2.

___ , ___

$2 \times$ ___ $=$ ___

3.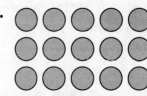

___ , ___ , 15

___ $\times$ ___ $= 15$

Para **4** y **5**, dibuja matrices. Escribe y resuelve una ecuación de multiplicación para cada matriz.

4. 3×4 4×3

5. 2×5 5×2

6. Karen puso 24 calcomanías de estrellas en la siguiente matriz. Usa fichas como ayuda para completar la tabla y mostrar otras matrices que Karen podría hacer usando la misma cantidad de calcomanías de estrellas.

Cantidad de filas de estrellas		Cantidad de estrellas en cada fila		Cantidad total de estrellas
4	×	6	=	24
	×		=	
	×		=	
	×		=	
	×		=	
	×		=	
	×		=	
	×		=	

---

7. Construir argumentos Scott pone unas calcomanías de deportes en filas. Hace 6 filas con 5 calcomanías en cada una. Si pone la misma cantidad de calcomanías en 5 filas iguales, ¿cuántas calcomanías habrá en cada fila? ¿Cómo lo sabes?

> Una buena explicación matemática puede incluir palabras, números y símbolos.

8. Razonamiento de orden superior
Vince tiene 16 cuentas. ¿Cuántas matrices diferentes puede dibujar para representar las cuentas que tiene en total? Haz una lista de los tamaños de las matrices.

✓ Práctica para la evaluación

9. Se muestra una ecuación.

$4 \times 9 = 9 \times \square$

Usa la propiedad conmutativa de la multiplicación para hallar el factor que falta.

Ⓐ 4

Ⓑ 9

Ⓒ 36

Ⓓ 49

10. ¿Cuál de las siguientes expresiones es igual a 7×8? Usa la propiedad conmutativa de la multiplicación.

Ⓐ $8 + 8 + 8 + 8 + 8 + 8 + 8$

Ⓑ 8×7

Ⓒ $7 + 7 + 7 + 7 + 7 + 7 + 7$

Ⓓ $8 + 7$

Nombre _____

¡Revisemos!

Ale tiene 15 camisetas. Las separa en grupos iguales en 5 cestos.
¿Cuántas camisetas puso Ale en cada cesto? Puedes usar un
diagrama de barras para resolver el problema.

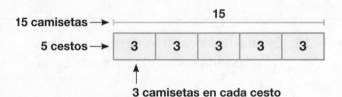

15 camisetas → 15

5 cestos → | 3 | 3 | 3 | 3 | 3 |

↑
3 camisetas en cada cesto

Hay 15 camisetas. Hay 5 grupos iguales.
Hay 3 camisetas en cada grupo.
Por tanto, $15 \div 5 = 3$.

Ale puso 3 camisetas en cada cesto.

La división puede mostrar
cuántos objetos hay en
grupos iguales.

Para **1**, usa el diagrama de barras como ayuda para dividir.

1. Hay 12 pelotas de tenis que se deben colocar
en 4 latas en grupos iguales.

¿Cuántas pelotas de tenis habrá en cada lata?

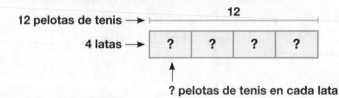

12 pelotas de tenis → 12

4 latas → | ? | ? | ? | ? |

↑
? pelotas de tenis en cada lata

Hay _____ pelotas de tenis.

Hay _____ grupos.

Hay _____ pelotas de tenis en cada grupo.

$12 \div$ _____ = _____

Para **2** a **7**, coloca la misma cantidad de objetos en cada grupo. Usa fichas
o haz un dibujo para resolver. Escribe la unidad en cada respuesta.

2. Separa 16 manzanas en 2 canastos en
cantidades iguales. ¿Cuántas manzanas
hay en cada canasto?

3. Ordena 20 sillas en cantidades iguales
alrededor de 4 mesas. ¿Cuántas sillas
hay alrededor de cada mesa?

4. Hay 7 conejos que se reparten
equitativamente 21 zanahorias.
¿Cuántas zanahorias recibe cada
conejo?

5. 5 niños se reparten 25 monedas de 10¢.
¿Cuántas monedas de 10¢ recibe cada niño?

6. Divide 14 libros en cantidades iguales en
2 estantes. ¿Cuántos libros hay en cada
estante?

7. 24 personas suben a 3 ascensores en grupos
iguales. ¿Cuántas personas suben a cada
ascensor?

8. Construir argumentos ¿Puedes dividir 14 camisas en 2 pilas iguales? ¿Por qué?

9. En febrero de 2015, hubo 28 días en semanas completas. En una semana completa hay 7 días. ¿Cuántas semanas hubo en febrero de 2015?

10. Raúl y Pam tienen 20 monedas de 1¢ cada uno. Raúl separa sus monedas en 4 grupos iguales. Pam separa sus monedas en 5 grupos iguales. ¿Quién tiene más monedas en cada grupo? Explícalo.

11. Escribe una ecuación de división que se corresponda con el diagrama de barras.

16			
?	?	?	?

12. Álgebra Hay 92 estudiantes de tercer grado y cuarto grado en la Escuela Primaria Johnsonville. 47 de ellos están en cuarto grado. Escribe una ecuación para hallar cuántos estudiantes de tercer grado hay. Usa un signo de interrogación para representar la incógnita y resuelve el problema.

13. Razonamiento de orden superior Kyra colecciona rocas. Cuando las coloca en 2 pilas iguales, no sobra ninguna roca. Cuando las coloca en 3 pilas iguales, tampoco sobra ninguna roca. Cuando las coloca en 4 pilas iguales, tampoco sobra ninguna roca. ¿Cuántas rocas podría tener Kyra?

✓ Práctica para la evaluación

14. ¿Cuál de los siguientes contextos representa la expresión 30 ÷ 6?

- Ⓐ 30 cuentas ordenadas en 30 grupos iguales
- Ⓑ 6 cuentas ordenadas en 30 grupos iguales
- Ⓒ 30 cuentas ordenadas en 6 grupos iguales
- Ⓓ 30 cuentas ordenadas en 3 grupos iguales

15. ¿Cuál de los siguientes contextos representa la expresión 18 ÷ 2?

- Ⓐ 18 cubos ordenados en 2 pilas iguales
- Ⓑ 18 cubos ordenados en 18 pilas iguales
- Ⓒ 2 cubos ordenados en 18 pilas iguales
- Ⓓ 18 cubos ordenados en 6 pilas iguales

Nombre _____

¡Revisemos!

Layla tiene 20 boletos de rifa.
Hay 5 boletos en cada talonario.
¿Cuántos talonarios de boletos
tiene Layla? Halla $20 \div 5 = \square$.

$$\left.\begin{array}{l} 20 - 5 = 15 \\ 15 - 5 = 10 \\ 10 - 5 = 5 \\ 5 - 5 = 0 \end{array}\right\} \text{Hay cuatro grupos de 5 en 20.}$$

Restaste 5 cuatro veces. Por tanto, $20 \div 5 = 4$.

Layla tiene 4 talonarios de rifa.

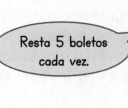

Resta 5 boletos cada vez.

Para **1**, usa la resta repetida para resolver el problema.

1. Ryan tiene 10 marcadores.
Hay 5 marcadores en cada caja.
¿Cuántas cajas de marcadores tiene Ryan?
Halla $10 \div 5 = \square$.

$10 - 5 =$ _____

$5 -$ _____ $=$ _____

Resté 5 dos veces.

Por tanto, _____ $\div$ _____ $=$ _____.

Ryan tiene _____ cajas de marcadores.

Para **2** y **3**, usa un diagrama de barras, fichas o haz un dibujo para resolver el problema.

2. Hay 16 libros. La bibliotecaria puso 4 libros en cada estante. ¿Cuántos estantes hay?

```
|——————— 16 libros ———————|
```

```
┌─────┐    ? estantes
│  4  │ ——————————————→
└─────┘
   ↑
4 libros en cada estante
```

3. José tenía 28 pinceles para repartir entre 4 miembros del club de arte. Quería darle la misma cantidad de pinceles a cada miembro. ¿Cuántos pinceles recibió cada miembro?

4. Daniel tiene que llevar 32 cajas a su dormitorio. Puede llevar 4 cajas en cada viaje. ¿Cuántos viajes tendrá que hacer? Muestra tu trabajo.

Puedes usar la resta repetida o hacer un dibujo para resolver el problema.

---

5. Representar con modelos matemáticos La Casa de la Moneda acuñó monedas de 25¢ con el tema de cinco estados cada año. Hay 50 estados. ¿Cuántos años se tardó en acuñar las monedas de 25¢ de todos los estados? Escribe y resuelve una ecuación.

6. Escribe una ecuación que represente el siguiente diagrama de barras.

40				
8	8	8	8	8

---

7. Sentido numérico Compara 249 y 271. Escribe el número mayor en palabras.

8. Razonamiento de orden superior Un periódico tiene más de 30 páginas y menos de 40 páginas. El periódico está dividido en secciones y cada sección tiene 8 páginas. ¿Cuántas secciones tiene el periódico?

✓ Práctica para la evaluación

9. El dependiente de una tienda escribe 20 ÷ 4. ¿Cuál de los siguientes enunciados representa la expresión del dependiente?

Ⓐ Hay 20 plátanos. Cada racimo tiene 10 plátanos. ¿Cuántos racimos hay?

Ⓑ Hay 20 tazas. Cada estante tiene 4 tazas. ¿Cuántos estantes tienen tazas?

Ⓒ Hay 20 latas. Cada estante tiene 2 latas. ¿Cuántos estantes tienen latas?

Ⓓ Hay 4 manzanas. Cada bolsa tiene 2 manzanas. ¿Cuántas bolsas hay?

10. Tamara escribe 21 ÷ 3. ¿Cuál de los siguientes enunciados representa esta expresión?

Ⓐ Hay 21 muñecas. Cada amiga tiene 3 muñecas. ¿Cuántas amigas hay en total?

Ⓑ Hay 4 zanahorias. Cada conejo recibe 1 zanahoria. ¿Cuántos conejos hay?

Ⓒ Hay $21. Cada niño recibe $21. ¿Cuántos niños hay?

Ⓓ Hay 21 bolígrafos. Cada bolsa tiene 1 bolígrafo. ¿Cuántas bolsas hay?

Nombre _____

¡Revisemos!

Max descargó 4 canciones cada semana durante 5 semanas. Luego, clasificó las canciones en grupos iguales. Cada grupo tiene 10 canciones. ¿Cuántos grupos hay?

Indica cómo puedes usar herramientas como ayuda para resolver el problema.

- Puedo decidir qué herramienta es apropiada.

- Puedo usar una herramienta para representar la situación.

- Puedo usar la herramienta correctamente.

Resuelve el problema. Explica cómo usaste la herramienta que escogiste.

Puedo usar papel cuadriculado. Cada cuadrado coloreado representa 1 canción.

Coloreo 4 cuadrados por cada semana. Hay 20 canciones. Luego, separo los cuadrados en grupos de 10. Hay 2 grupos.

> Puedes usar herramientas apropiadas como el papel cuadriculado, las fichas, los cubos u otros objetos como ayuda para resolver problemas.

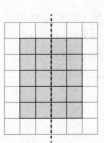 

Usar herramientas apropiadas

Niko compró 4 estampillas cada semana durante 3 semanas. Quiere poner 6 estampillas en cada página de su álbum. ¿Cuántas páginas usará Niko?

1. Indica cómo puedes usar herramientas como ayuda para resolver el problema.

2. Escoge una herramienta para representar el problema. Explica por qué escogiste esa herramienta.

3. Resuelve el problema. Explica cómo usaste la herramienta que escogiste.

Trabajos de verano

La tabla de la derecha muestra cuánto gana Tony por hora en sus trabajos de verano. Un día, Tony pasó 3 horas haciendo mandados. Quiere usar el dinero de este trabajo para comprar dos banderines.

4. **Usar herramientas apropiadas** Escoge una herramienta que represente el problema. Explica por qué escogiste esa herramienta.

DATOS

Trabajos de verano de Tony	
Trabajo	**Pago por hora**
Pasear perros	$8
Cortar céspedes	$10
Hacer mandados	$6

5. **Entender y perseverar** ¿Qué necesitas hallar antes de resolver el problema? Muestra una manera de hallarlo. Puedes usar una herramienta como ayuda.

6. **Razonar** ¿Tiene Tony suficiente dinero? Usa lo que sabes para resolver el problema.

> Puedes usar herramientas apropiadas para representar diferentes partes de un problema.

7. **Entender y perseverar** ¿Necesitaste toda la información de la tabla para resolver el problema? Explícalo.

8. **Construir argumentos** Tony decide no comprar los banderines. ¿Tiene suficiente dinero para comprar una gorra en vez de los banderines? Explica por qué.

Práctica

Herramientas

Práctica adicional 2-1

El 2 y el 5 como factores

¡Revisemos!

Cuando multiplicas por 2, puedes usar una suma de dobles. Por ejemplo, 2 × 6 es lo mismo que sumar 6 + 6. Ambas son igual a 12.

Cuando multiplicas por 5, puedes usar un patrón para hallar el producto.

DATOS

Operaciones de multiplicación del 2	
$2 \times 0 = 0$	$2 \times 5 = 10$
$2 \times 1 = 2$	$2 \times 6 = 12$
$2 \times 2 = 4$	$2 \times 7 = 14$
$2 \times 3 = 6$	$2 \times 8 = 16$
$2 \times 4 = 8$	$2 \times 9 = 18$

DATOS

Operaciones de multiplicación del 5	
$5 \times 0 = 0$	$5 \times 5 = 25$
$5 \times 1 = 5$	$5 \times 6 = 30$
$5 \times 2 = 10$	$5 \times 7 = 35$
$5 \times 3 = 15$	$5 \times 8 = 40$
$5 \times 4 = 20$	$5 \times 9 = 45$

Los múltiplos de 2 terminan en 0, 2, 4, 6 u 8.   Los múltiplos de 5 terminan en 0 o 5.

Para **1** a **17**, halla las sumas, productos o factores que faltan.

1. $2 \times 5 = ?$

$5 + 5 =$ _____

$2 \times 5 =$ _____

2. $2 \times 4 = ?$

$4 + 4 =$ _____

$2 \times 4 =$ _____

3. $1 \times 2 = ?$

$1 + 1 =$ _____

$2 \times 1 =$ _____

4. $5 \times$ _____ $= 25$

5. $3 \times 5 =$ _____

6. $35 = 7 \times$ _____

7. _____ $\times 8 = 16$

8. $5 \times 9 =$ _____

9. $2 \times 7 =$ _____

10.
$\begin{array}{r} 5 \\ \times 4 \\ \hline \end{array}$

11.
$\begin{array}{r} 1 \\ \times 5 \\ \hline \end{array}$

12.
$\begin{array}{r} 2 \\ \times 0 \\ \hline \end{array}$

13.
$\begin{array}{r} 8 \\ \times 2 \\ \hline \end{array}$

14. ¿Cuánto es 9 por 2? _____

15. ¿Cuánto es 5 por 8? _____

16. ¿Cuánto es 6 por 2? _____

17. ¿Cuánto es 5 por 0? _____

18. Gina está haciendo títeres con calcetines. Cada par de calcetines cuesta $2. Gina compró 6 pares de calcetines. ¿Cuánto gastó? Dibuja una recta numérica para resolver el problema.

19. (A-Z) **Vocabulario** Escribe una ecuación cuyo producto sea 45.

20. **Razonar** Hay 5 días en la semana escolar. ¿Cuántos días de escuela hay en 9 semanas? Explícalo.

? días de escuela en 9 semanas

| 5 | 5 | 5 | 5 | 5 | 5 | 5 | 5 | 5 |

↑
5 días de escuela
en una semana

21. Tania camina 2 millas cada día. ¿Cuántas millas camina Tania en una semana? ¿Cómo hallaste la respuesta?

22. Micaela dibujó esta figura. ¿Cuál es el nombre de la figura que dibujó? Después, dibujó una figura que tiene 2 lados menos. ¿Cuál es el nombre de esa figura?

23. **Razonamiento de orden superior** ¿Cómo puedes usar dobles para ayudarte a multiplicar por 2? Da un ejemplo.

✓ **Práctica para la evaluación**

24. Derek, Sean y Rebecca son trillizos. Si cada uno tiene 5 dedos en cada pie, ¿cuántos dedos de los pies tienen entre los tres?

   Ⓐ 20

   Ⓑ 25

   Ⓒ 30

   Ⓓ 35

25. Caitlin tiene 3 pares de gafas. ¿Cuántos lentes hay en total?

   Ⓐ 2

   Ⓑ 4

   Ⓒ 6

   Ⓓ 8

Práctica   Herramientas

¡Revisemos!

Operaciones de multiplicación del 9
$0 \times 9 = 0$
$1 \times 9 = 9$
$2 \times 9 = 18$
$3 \times 9 = 27$
$4 \times 9 = 36$
$5 \times 9 = 45$
$6 \times 9 = 54$
$7 \times 9 = $
$8 \times 9 = $
$9 \times 9 = $

DATOS

La tabla muestra los patrones de las operaciones de multiplicación del 9.

Comienza con $1 \times 9 = 9$.

Cuando sumas diez, el valor de las decenas aumenta en 1.

Cuando restas 1, el valor de las unidades disminuye en 1.

Halla 7×9.

Para cada grupo de 9, suma 1 grupo de diez (es decir, 1 decena) y resta 1 unidad.

Para 7 grupos de 9, suma 7 decenas y resta 7 unidades.

$7 \times 9 = 7$ decenas $- 7$ unidades
$7 \times 9 = 70 - 7$
$7 \times 9 = 63$

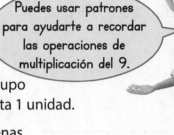

Puedes usar patrones para ayudarte a recordar las operaciones de multiplicación del 9.

Para **1** a **10**, resuelve las ecuaciones.

1. $9 \times 0 = $ _____

2. $9 \times$ _____ $= 54$

3. $81 = 9 \times$ _____

4. $\begin{array}{r} 9 \\ \times 8 \\ \hline \end{array}$

5. $\begin{array}{r} 7 \\ \times 9 \\ \hline \end{array}$

6. $\begin{array}{r} 4 \\ \times 9 \\ \hline \end{array}$

7. $\begin{array}{r} 2 \\ \times 9 \\ \hline \end{array}$

8. Halla 6 veces 9.

9. Halla 5 veces 9.

10. Halla 0 veces 9.

11. Paula se hizo un peinado con 9 trenzas. En cada trenza puso 4 cuentas. ¿Cuántas cuentas usó? Explica cómo hallaste el producto.

12. Álgebra Tony tiene 9 grupos de tarjetas de béisbol. Cada grupo tiene 6 tarjetas. Escribe 2 ecuaciones que puede usar Tony para hallar cuántas tarjetas tiene.

13. Sara dice que si ella sabe cuál es el producto de 9×8, también sabe el producto de 8×9. ¿Tiene razón? ¿Por qué?

14. Entender y perseverar Dustin tenía $52. Recibió $49 más, pero gastó una parte de su dinero. A Dustin le quedan $35. ¿Cuánto dinero gastó?

15. Razonamiento de orden superior Jordan recibió 9 mensajes de texto la semana pasada. Esta semana recibió 3 veces la cantidad de mensajes que recibió la semana pasada. ¿Cuántos mensajes de texto recibió Jordan esta semana?

16. Rita compró 5 pares de calcetines. Cada par costaba $4. ¿Cuánto gastó Rita en calcetines? Explica cómo lo sabes.

$4.00

17. El zoológico tiene 3 jaulas con 9 sinsontes en cada una. ¿Cuántos sinsontes tiene el zoológico?

Ⓐ 9

Ⓑ 27

Ⓒ 72

Ⓓ 99

18. Natalia organizó sus naranjas en una matriz. Puso 2 naranjas en cada una de 9 filas. ¿Cuántas naranjas hay en la matriz de Natalia?

Ⓐ 9

Ⓑ 18

Ⓒ 27

Ⓓ 36

Nombre _____

Práctica adicional 2-3
Usar propiedades: Multiplicar por 0 y 1

¡Revisemos!

El cero y el uno tienen propiedades de multiplicación especiales.

Propiedad de identidad (o del uno) de la multiplicación	Propiedad del cero en la multiplicación
Cuando multiplicas un número por 1, el producto es ese número.	Cuando multiplicas un número por 0, el producto es 0.
Ejemplos:	Ejemplos:
$4 \times 1 = 4$ $\qquad$ $16 \times 1 = 16$	$5 \times 0 = 0$ $\qquad$ $123 \times 0 = 0$
$1 \times 9 = 9$ $\qquad$ $13 \times 1 = 13$	$17 \times 0 = 0$ $\qquad$ $0 \times 58 = 0$
$51 \times 1 = 51$ $\qquad$ $1 \times 48 = 48$	$0 \times 51 = 0$ $\qquad$ $74 \times 0 = 0$

Para **1** a **6**, haz un dibujo para representar la multiplicación y luego resuélvela.

1. $1 \times 3 = 3$

2. $0 \times 6 = 6$

3. $9 \times 0 = 0$

4. $5 \times 0 = 0$

5. $1 \times 7 = 7$

6. $0 \times 4 = 0$

Para **7** a **10**, halla los productos.

7. $\begin{array}{r} 7 \\ \times 1 \\ \hline 7 \end{array}$

8. $\begin{array}{r} 8 \\ \times 0 \\ \hline 0 \end{array}$

9. $\begin{array}{r} 8 \\ \times 1 \\ \hline 8 \end{array}$

10. $\begin{array}{r} 10 \\ \times 0 \\ \hline 0 \end{array}$

Para 11 a 13, escribe $<$, $>$, o $=$ en cada ◯ para comparar.

11. 0×4 ◯ 0×4

12. 1×8 ◯ 6×1

13. 1×5 ◯ 5×1

14. Sentido numérico Ciro dice que el producto de 4×0 es igual a la suma de $4 + 0$. ¿Tiene razón? Explícalo.

15. Representar con modelos matemáticos Sara tiene 7 cajas para guardar conchas de mar. Hay 0 conchas de mar en cada caja. ¿Cuántas conchas de mar tiene Sara? Di qué propiedades de las matemáticas usaste para hallar la respuesta.

16. Bob hizo una pictografía de las canicas que tienen él y sus amigos. ¿Cuántas canicas más que Carla tiene Bob? Explica cómo hallaste la respuesta.

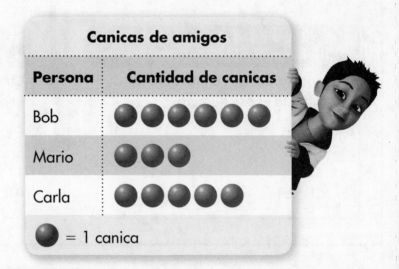

Canicas de amigos

Persona	Cantidad de canicas
Bob	●●●●●●
Mario	●●●
Carla	●●●●

● = 1 canica

17. Carmen tenía 6 monedas. Puso la misma cantidad de monedas en cada uno de 3 sobres. ¿Cuántas monedas puso Carmen en cada sobre?

6 monedas

3 sobres → | ? | ? | ? |

↑
? monedas
en cada sobre

18. Razonamiento de orden superior El restaurante Chef Morgan tiene 24 mesas. Quince de las mesas tienen una flor en un pequeño jarrón. Las mesas restantes tienen 5 flores en cada jarrón. ¿Cuántas flores hay? Muestra cómo hallaste la respuesta.

✓ **Práctica para la evaluación**

19. Usa la propiedad del cero y la propiedad de identidad de la multiplicación para seleccionar todas las ecuaciones que sean correctas.

☐ $2 \times 1 = 1$
☐ $0 \times 4 = 0$
☐ $1 \times 3 = 3$
☐ $0 \times 2 = 0$
☐ $4 \times 1 = 4$

20. Usa la propiedad del cero y la propiedad de identidad de la multiplicación para seleccionar todas las ecuaciones que sean correctas.

☐ $0 \times 0 = 1$
☐ $1 \times 7 = 1$
☐ $5 \times 1 = 5$
☐ $0 \times 1 = 0$
☐ $1 \times 3 = 1$

Nombre _____

¡Revisemos!

La tabla muestra operaciones de multiplicación del 10.

Operaciones de multiplicación del 10	
$10 \times 0 = 0$	$10 \times 5 = 50$
$10 \times 1 = 10$	$10 \times 6 = 60$
$10 \times 2 = 20$	$10 \times 7 = 70$
$10 \times 3 = 30$	$10 \times 8 = 80$
$10 \times 4 = 40$	$10 \times 9 = 90$
	$10 \times 10 = 100$

Todos los múltiplos de 10 de la tabla terminan en 0.

Halla 5×10.

Para hallar la respuesta, puedes usar una recta numérica, el valor de posición o patrones.

```
   1      2      3      4      5
 ⌢      ⌢      ⌢      ⌢      ⌢
0     10     20     30     40     50      o  5 × 10 = 50
```

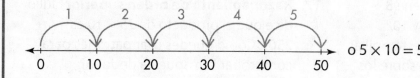

Para **1** y **2**, usa las rectas numéricas para ayudarte a hallar el producto.

1. $2 \times 10 = $ _____

2. $4 \times 10 = $ _____

```
◄─┬───┬───┬───┬───┬───┬─►        ◄─┬───┬───┬───┬───┬───┬─►
  0   10  20  30  40  50           0   10  20  30  40  50
```

Para **3** a **12**, halla el producto.

3. $10 \times 6 = $ _____   **4.** $10 \times 10 = $ _____   **5.** $0 \times 10 = $ _____

6. $1 \times 10 = $ _____   **7.** $10 \times 3 = $ _____   **8.** $9 \times 10 = $ _____

9. $\begin{array}{r} 10 \\ \times 1 \\ \hline \end{array}$
10. $\begin{array}{r} 10 \\ \times 3 \\ \hline \end{array}$
11. $\begin{array}{r} 10 \\ \times 8 \\ \hline \end{array}$
12. $\begin{array}{r} 10 \\ \times 7 \\ \hline \end{array}$

13. Juan hizo esta gráfica para mostrar cuántas respuestas incorrectas tuvieron los estudiantes en un examen. ¿Cuántos estudiantes tuvieron 3 respuestas incorrectas? ¿Cómo lo sabes?

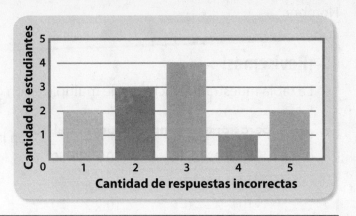

14. **enVision®** STEM Julia observa un juego mecánico que da 10 vueltas por minuto. Dice que dará 40 vueltas en 4 minutos. ¿Tiene razón Julia? Explícalo.

15. **A-Z** **Vocabulario** Define *múltiplo de 10*.

16. **Evaluar el razonamiento** Greg tiene 3 filas de estampillas. En cada fila hay 10 estampillas. Greg dice que hay 35 estampillas en total. Usa lo que has aprendido sobre los múltiplos de 10 para explicar por qué Greg no tiene razón.

17. **Razonamiento de orden superior** Julio dice que el producto de 25 × 10 es 250. ¿Cómo puedes usar patrones para comprobar la respuesta de Julio?

✓ Práctica para la evaluación

18. Marcia pone cuatro cintas de 10 pulgadas de longitud en una fila. Janet pone ocho cintas de 10 pulgadas de longitud en una fila. Rosi pone nueve cintas de 10 pulgadas de longitud en una fila. Escoge los números que hagan falta para completar las ecuaciones que representan las longitudes de las cintas.

| 4 | 8 | 9 | 10 | 40 | 80 |

$4 \times 10 = \square$

$\square \times 10 = 80$

$9 \times \square = 90$

19. Dalia coloca 2 flores en cada uno de 10 floreros. Cristina coloca 1 flor en cada uno de 10 floreros. Karen coloca 7 flores en cada uno de 10 floreros. Escoge los números que hagan falta para completar las ecuaciones que representan la cantidad de flores que se usaron.

| 1 | 2 | 7 | 10 | 20 | 70 |

$\square \times 2 = 20$

$10 \times \square = 10$

$10 \times 7 = \square$

Práctica Herramientas

Práctica adicional 2-5
Operaciones de multiplicación:
0, 1, 2, 5, 9 y 10

¡Revisemos!

¿Cuántas manzanas hay en 5 canastas con 3 manzanas cada una?

Tanto 5 grupos de 3 como 3 grupos de 5 tienen la misma cantidad de objetos. $5 \times 3 = 3 \times 5$.

Usa un patrón para multiplicar por 5.

5, 10, 15
$3 \times 5 = 15$
También, $5 \times 3 = 15$.

Puedes multiplicar los números en cualquier orden y el producto será igual.

Para **1** a **3**, usa un patrón para hallar los productos.

1. 7×2 2, 4, ____, ____, ____, ____, ____

$7 \times 2 =$ ____

2. 10×5 ____, ____, ____, ____, ____, ____, ____, ____, ____, ____

$10 \times 5 =$ ____

3. 5×10 ____, ____, ____, ____, ____

$5 \times 10 =$ ____

Puedes usar un patrón para multiplicar.

Para **4** a **9**, halla los productos.

4. $2 \times 9 =$ ____

5. $5 \times 8 =$ ____

6. ____ $= 3 \times 2$

7. $9 \times 1 =$ ____

8. ____ $= 10 \times 10$

9. $0 \times 0 =$ ____

10. Calvin tiene 9 libros en su librero y 3 libros en su escritorio. Quiere saber cuántos libros tiene en total. ¿Qué operación debe usar? Explícalo.

11. Ginger encontró 3 monedas de 25¢, 2 monedas de 10¢ y 3 monedas de 1¢. ¿Cuánto dinero encontró?

12. Razonamiento de orden superior La Sra. Osorio está organizando una fiesta. A cada adulto se le darán 2 vasos y a cada niño se le dará 1 vaso. ¿Cuántos vasos necesita tener la Sra. Osorio? Muestra tu trabajo.

DATOS	Invitados a la fiesta	
	Adultos	8
	Niños	5

13. Norris escribió la ecuación $7 \times 9 = 63$. Bety escribió la ecuación $7 \times 9 = 9 \times 7$. ¿Quién escribió una ecuación correcta? Explícalo.

14. Usar herramientas apropiadas Juana quiere multiplicar 8×5. Explica qué herramienta puede usar como ayuda para hallar la respuesta. Luego, resuelve el problema.

✓ Práctica para la evaluación

15. Vimalesh plantó 2 filas de 9 palmeras. ¿Qué ecuación puedes usar para hallar la cantidad de palmeras que plantó Vimalesh?

Piensa en las diferentes maneras en que puedes representar y hallar el producto.

Ⓐ $2 + 9 = ?$

Ⓑ $2 \times 2 = ?$

Ⓒ $2 \times 9 = ?$

Ⓓ $2 + 2 = ?$

Práctica   Herramientas

Práctica adicional 2-6
Representar con modelos matemáticos

¡Revisemos!

Raúl tiene 6 bolsas. Coloca 2 canicas de color rojo, 3 de color amarillo y 4 de color azul en cada bolsa. ¿Cuántas canicas en total tiene Raúl?

Explica cómo puedes usar lo que sabes de matemáticas para resolver el problema.

- Puedo hallar y responder a las preguntas escondidas.

- Puedo usar diagramas de barras y ecuaciones para representar y resolver el problema.

> Puedes representar con modelos matemáticos usando diagramas de barras para mostrar el entero y las partes.

Resuelve el problema.
Halla la pregunta escondida:
¿Cuántas canicas hay en cada bolsa?

? canicas en cada bolsa

2	3	4

$2 + 3 + 4 = 9$ canicas en cada bolsa

Usa la respuesta para resolver el problema.

? canicas

9	9	9	9	9	9

$6 \times 9 = 54$ canicas en total

Representar con modelos matemáticos
Paul tiene 7 pilas de tarjetas de deportes. Hay 3 tarjetas de básquetbol, 3 de fútbol americano y 4 de béisbol en cada pila. ¿Cuántas tarjetas de deportes en total tiene Paul?

1. Explica cómo puedes usar lo que sabes de matemáticas para resolver el problema.

2. ¿Cuál es la pregunta escondida a la que tienes que responder antes de que puedas resolver el problema?

3. Resuelve el problema. Completa los diagramas de barras. Muestra las ecuaciones que usaste.

? tarjetas de deportes en cada pila

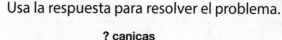

? tarjetas de deportes

La granja de Jase

La granja de Jase tiene 9 gallinas y cada una puso 3 huevos. La granja de Jase tiene 4 caballos. La granja de Edna tiene gallinas que pusieron 23 huevos en total. Jase se pregunta de quién son las gallinas que pusieron más huevos.

? huevos de gallina en total

La granja de Jase	3	3	3	3	3	3	3	3	3

4. **Entender y perseverar** ¿Cúal es un buen plan para averiguar de quién son las gallinas que pusieron más huevos?

5. **Razonar** ¿Qué observas en los números que se muestran en el diagrama de barras anterior? ¿Cómo puede ayudarte a resolver el problema?

Representa con modelos matemáticos. Cuando escribas ecuaciones, piensa en qué operaciones puedes usar.

6. **Representar con modelos matemáticos** Usa ecuaciones para mostrar si las gallinas de Jase o las de Edna pusieron más huevos. ¿Cuántos huevos más pusieron esas gallinas?

7. **Usar herramientas apropiadas** Lucio dice que puede usar fichas para representar la cantidad de huevos que pusieron. Explica cómo puede Lucio hacerlo para averiguar de quién son las gallinas que pusieron más huevos.

Nombre _____

¡Revisemos!

La siguiente matriz muestra 6 × 4 o 6 filas de 4 círculos.

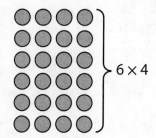

} 6 × 4

Puedes dibujar una línea para separar **6** filas de 4 círculos en **2** filas de 4 círculos y **4** filas de 4 círculos.

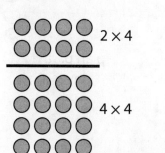

2 × 4

4 × 4

Con la propiedad distributiva, puedes descomponer una multiplicación en la suma de otras dos operaciones.

Para **1** y **2**, traza una línea para separar cada matriz en dos matrices más pequeñas. Escribe las operaciones nuevas.

1.

$4 \times 3 = (\underline{} \times \underline{}) + (\underline{} \times \underline{})$

2.

$5 \times 6 = (\underline{} \times \underline{}) + (\underline{} \times \underline{})$

Para **3** a **10**, usa la propiedad distributiva para hallar los factores que faltan.

3. $4 \times 6 = (1 \times 6) + (\underline{} \times 6)$

4. $5 \times 8 = (\underline{} \times 8) + (2 \times 8)$

5. $4 \times 5 = (\underline{} \times 5) + (2 \times \underline{})$

6. $7 \times 6 = (3 \times \underline{}) + (\underline{} \times \underline{})$

7. $3 \times 8 = (\underline{} \times 8) + (2 \times \underline{})$

8. $5 \times 7 = (2 \times \underline{}) + (3 \times \underline{})$

9. $4 \times 7 = (\underline{} \times \underline{}) + (2 \times \underline{})$

10. $5 \times 5 = (\underline{} \times 5) + (4 \times \underline{})$

11. Usar la estructura Tony descompuso una matriz grande en una matriz de 2 × 3 y una matriz de 4 × 3. ¿Cómo es la matriz grande? Haz un dibujo. Escribe una ecuación para mostrar la relación entre la matriz grande y las dos matrices más pequeñas.

12. Razonamiento de orden superior Rosa dice que puede descomponer esta matriz en 3 grupos de dos matrices más pequeñas. ¿Tiene razón? Explícalo.

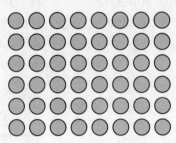

13. Álgebra Marcos lanzó un pase de 16 yardas en la primera mitad de un partido de fútbol americano. Lanzó 49 yardas en total durante todo el partido. ¿Cuántas yardas en total lanzó en la segunda mitad del partido? Escribe ecuaciones para representar y resolver el problema. Usa ? para representar la incógnita.

49	
16	?

14. Lulú compró un vestido por $67, un sombrero por $35 y zapatos por $49. ¿Cuánto gastó Lulú?

?		
$67	$35	$49

15. ¿Cuáles de las siguientes expresiones son iguales a 7 × 6? Usa la propiedad distributiva y escoge todas las opciones que apliquen.

☐ $(6 \times 7) + (6 \times 7)$

☐ $(5 \times 6) + (2 \times 6)$

☐ $(7 \times 6) + (1 \times 6)$

☐ $(7 \times 6) + (2 \times 6)$

☐ $(2 \times 6) + (5 \times 6)$

16. Se muestra una ecuación. Escoge todas las maneras en las que podrías usar la propiedad distributiva para hallar los factores que faltan.

$$7 \times 4 = (\square \times 4) + (\square \times 4)$$

☐ $7 \times 4 = (5 \times 4) + (2 \times 4)$

☐ $7 \times 4 = (7 \times 4) + (1 \times 4)$

☐ $7 \times 4 = (1 \times 4) + (6 \times 4)$

☐ $7 \times 4 = (2 \times 4) + (5 \times 4)$

☐ $7 \times 4 = (6 \times 4) + (1 \times 4)$

Nombre _____

¡Revisemos!

Puedes usar matrices para mostrar las operaciones de multiplicación del 3 o del 4.

Halla 2 × 3.

2 × 3 = 6

Halla 4 × 3.

$\left. \begin{array}{c} \bigcirc\bigcirc\bigcirc \\ \bigcirc\bigcirc\bigcirc \end{array} \right\}$ 2 × 3 = 6

$\left. \begin{array}{c} \bigcirc\bigcirc\bigcirc \\ \bigcirc\bigcirc\bigcirc \end{array} \right\}$ 2 × 3 = 6

6 + 6 = 12

Por tanto, 4 × 3 = 12.

Para **1** a **4**, usa matrices o la propiedad distributiva para hallar los productos.

1.

$\left. \begin{array}{c} \bigcirc\bigcirc\bigcirc\bigcirc \\ \bigcirc\bigcirc\bigcirc\bigcirc \\ \bigcirc\bigcirc\bigcirc\bigcirc \end{array} \right\}$

2 × _____ = _____

_____ × 4 = _____

8 + _____ = _____

Por tanto, 3 × 4 = _____.

2. Halla 4 × 2.

$\left. \begin{array}{c} \bigcirc\bigcirc \\ \bigcirc\bigcirc \end{array} \right\}$ _____ × 2 = _____

$\left. \begin{array}{c} \bigcirc\bigcirc \\ \bigcirc\bigcirc \end{array} \right\}$ 2 × _____ = _____

_____ + 4 = _____

Por tanto, 4 × 2 = _____.

3. Halla 4 × 4.

4 × 4 = (4 × _____) + (_____ × 1)

4 × 4 = _____ + _____

4 × 4 = _____

4. Halla 3 × 6.

3 × 6 = (2 × 6) + (_____ × _____)

3 × 6 = _____ + _____

3 × 6 = _____

Para **5** a **14**, halla los productos.

5. 6 × 3 = _____

6. 3 × 7 = _____

7. 3 × 3 = _____

8. 1 × 4 = _____

9. 0 × 4 = _____

10. 4 × 9 = _____

11. 3
    × 8
    ‾‾‾

12. 5
    × 4
    ‾‾‾

13. 3
    × 2
    ‾‾‾

14. 10
    × 4
    ‾‾‾

15. Generalizar ¿Cómo puedes usar las operaciones de multiplicación del 2 para hallar 4 × 8?

16. María dijo que 7 × 3 = 21. Connie dijo que 3 × 7 = 21. ¿Quién tiene razón? Explícalo.

17. Cinco personas compraron boletos para un partido de fútbol americano. Cada persona compró 3 boletos. ¿Cuántos boletos compraron? Dibuja una matriz.

18. Razonamiento de orden superior Mark hará una fiesta. Invitó a 35 personas. Mark preparó 8 mesas con 4 sillas en cada mesa. ¿Tiene suficientes mesas y sillas para todos sus invitados? Explícalo.

19. Barney divide un rectángulo en cuartos. Muestra dos maneras en las que puede hacerlo.

Práctica para la evaluación

20. Jimena compró 3 cajas de crayones. Cada caja tiene la misma cantidad de crayones. ¿Qué ecuación se puede usar para hallar la cantidad de crayones que compró Jimena?

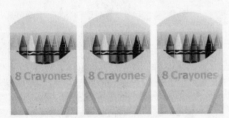

   Ⓐ   (3 × 8) + (3 × 8) = ?

   Ⓑ   (3 × 4) + (3 × 4) = ?

   Ⓒ   (8 × 8) + (3 × 3) = ?

   Ⓓ   (3 × 3) + (8 × 8) = ?

21. ¿Cuál de las siguientes opciones **NO** es una manera en la que puedes usar la propiedad distributiva para hallar 4 × 7?

   Ⓐ   (4 × 3) + (4 × 3)

   Ⓑ   (2 × 7) + (2 × 7)

   Ⓒ   (4 × 3) + (4 × 4)

   Ⓓ   (4 × 2) + (4 × 5)

Nombre _____

¡Revisemos!

Puedes usar operaciones de multiplicación conocidas para hallar otras operaciones de multiplicación.

Halla 6×9. Usa una operación de multiplicación del 3.

$3 \times 9 = 27$

$3 \times 9 = 27$
$27 + 27 = 54$

Por tanto, $6 \times 9 = 54$.

Halla 7×5. Usa una operación de multiplicación del 2.

$2 \times 5 = 10$

$5 \times 5 = 25$
$10 + 25 = 35$

Por tanto, $7 \times 5 = 35$.

Para **1** y **2**, usa operaciones conocidas para hallar los productos.

1. $6 \times 4 = ?$

$3 \times 4 = $ ____

$3 \times 4 = $ ____
$12 + $ ____ $ = $ ____

Por tanto, $6 \times 4 = $ ____.

2. $7 \times 4 = ?$

$2 \times 4 = $ ____

$5 \times 4 = $ ____
____ $ + $ ____ $ = $ ____

Por tanto, $7 \times 4 = $ ____.

Para **3** a **11**, halla los productos.

3. $2 \times 7 = $ ____

4. $6 \times 7 = $ ____

5. $7 \times 9 = $ ____

6. $6 \times 4 = $ ____

7. $6 \times 8 = $ ____

8. $7 \times 7 = $ ____

9. $6 \times 2 = $ ____

10. $8 \times 7 = $ ____

11. $3 \times 7 = $ ____

12. Emmet compra 7 sándwiches de ensalada de huevo en el café de Sam. ¿Cuánto dinero gasta Emmet?

13. Alejandro compra 4 sándwiches de ensalada de pollo y 3 sándwiches de ensalada de atún. ¿Cuánto dinero gasta Alejandro? ¿Cómo hallaste la respuesta?

DATOS	Sándwiches	
	Ensalada de atún	$6
	Ensalada de huevo	$4
	Ensalada de pollo	$7

14. **enVision®** STEM La clase de ciencias de Raúl tiene en observación unos huevos de gallina. Faltan 3 semanas para que nazcan los pollitos. Hay 7 días en una semana. ¿Cuántos días faltan para que nazcan los pollitos?

15. **Sentido numérico** ¿Qué multiplicación se puede hallar usando las matrices de 2×9 y 5×9?

16. **Usar herramientas apropiadas** Nancy dibujó una matriz para hallar $5 \times 3 = 15$. ¿Cómo puede usar una herramienta para mostrar 6×3?

17. **Razonamiento de orden superior** Harold dice: "Para hallar 6×8 puedo usar las operaciones 5×4 y 1×4". ¿Estás de acuerdo? Explícalo.

✅ **Práctica para la evaluación**

18. Selecciona números para crear una expresión diferente que sea igual a 8×7.

| 2 | 3 | 5 | 7 | 8 | 9 |

$8 \times 7 = (\square \times 7) + (\square \times 7)$

19. Selecciona números para crear una expresión diferente que sea igual a 7×9.

| 2 | 3 | 4 | 6 | 8 | 9 |

$7 \times 9 = (\square \times 9) + (\square \times \square)$

Nombre _____

Práctica adicional 3-4
Usar propiedades: El 8 como factor

¡Revisemos!

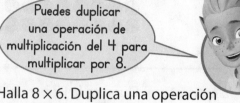

Puedes duplicar una operación de multiplicación del 4 para multiplicar por 8.

Halla 8×6. Duplica una operación de multiplicación del 4.

$4 \times 6 = 24$

$4 \times 6 = 24$

$24 + 24 = 48$

Por tanto, $8 \times 6 = 48$.

Operaciones de multiplicación del 4	
$4 \times 0 = 0$	$4 \times 5 = 20$
$4 \times 1 = 4$	$4 \times 6 = 24$
$4 \times 2 = 8$	$4 \times 7 = 28$
$4 \times 3 = 12$	$4 \times 8 = 32$
$4 \times 4 = 16$	$4 \times 9 = 36$

DATOS

Para **1** y **2**, duplica una operación de multiplicación del 4 para hallar el producto.

1. $8 \times 5 = ?$

$4 \times 5 =$ _____

$4 \times 5 =$ _____

$20 +$ _____ $=$ _____

Por tanto, $8 \times 5 =$ _____.

2. $8 \times 3 = ?$

$4 \times 3 =$ _____

$4 \times 3 =$ _____

_____ $+$ _____ $=$ _____

Por tanto, $8 \times 3 =$ _____.

Para **3** a **9**, halla los productos.

3. $2 \times 8 =$ _____

4. $4 \times 8 =$ _____

5. $8 \times 5 =$ _____

6. $\begin{array}{r} 7 \\ \times 8 \\ \hline \end{array}$

7. $\begin{array}{r} 8 \\ \times 9 \\ \hline \end{array}$

8. $\begin{array}{r} 1 \\ \times 8 \\ \hline \end{array}$

9. $\begin{array}{r} 8 \\ \times 6 \\ \hline \end{array}$

10. Luis hizo las matrices que se muestran a la derecha para hallar 5×8.
Explica cómo podría cambiar las matrices para hallar 7×8.
Añade lo que falta al dibujo de Luis para mostrar tu solución.

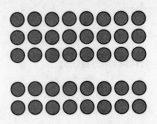

---

11. **enVision®** STEM Un pulpo tiene 8 brazos.
En el acuario hay 3 pulpos en una pecera.
¿Cuántos brazos de pulpo hay en total?
¿Qué dos estrategias puedes usar para hallar
la respuesta?

12. **Usar la estructura** Durante la Fiebre del Oro
de California, los mineros a veces pagaban
$10 por un vaso de agua. ¿Cuál era el costo
total si 8 mineros compraban un vaso de
agua cada uno? ¿Cómo puedes usar una
operación de multiplicación del 4 para hallar
la respuesta?

---

13. ¿Cuántas pintas hay en 5 galones?

1 galón = 8 pintas

14. **Razonamiento de orden superior** Lila
dibuja una tabla con 8 filas y 4 columnas.
¿Cuántos espacios hay en su tabla? Explica
por qué Lila puede usar las operaciones de
multiplicación del 8 o del 4 para resolver el
problema.

✓ **Práctica para la evaluación**

15. Ted guarda en un estante paquetes de rollos.
Hay 8 rollos en cada paquete. Escoge todas las
ecuaciones correctas que podrían demostrar
cuántos rollos hay en el estante.

☐ $4 \times 8 = 32$

☐ $2 \times 8 = 16$

☐ $7 \times 8 = 65$

☐ $6 \times 8 = 44$

☐ $9 \times 8 = 72$

16. Escoge todas las expresiones que pueden
usarse para hallar 8×5.

☐ $(4 \times 5) + (4 \times 5)$

☐ $(4 \times 4) + (4 \times 1))$

☐ $(4 \times 3) + (4 \times 2)$

☐ $(8 \times 3) + (8 \times 2)$

☐ $(2 \times 5) + (2 \times 5) + (2 \times 5) + (2 \times 5)$

¡Revisemos!

Halla 8×4.

Puedes usar un dibujo u operaciones conocidas para hallar 8×4.

Dibujo

8×4 significa 8 grupos de 4.

?

4	4	4	4	4	4	4	4

Combina grupos iguales para hallar el producto.

Por tanto, $8 \times 4 = 32$.

Operaciones conocidas

Usa operaciones de multiplicación del 4 como ayuda.

$4 \times 4 = 16$

$4 \times 4 = 16$

$16 + 16 = 32$

Por tanto, $8 \times 4 = 32$.

Para **1** y **2**, usa un dibujo y operaciones conocidas para hallar el producto.

1. $3 \times 6 = ?$

?

6	6	

6   12   ____

$3 \times 6 =$ ____

$2 \times 6 =$ ____

$1 \times 6 =$ ____

$12 +$ ____ $=$ ____

2. $3 \times 3 = ?$

?.

3	3	

3   6

$3 \times 3 =$ ____

$2 \times 3 =$ ____

$1 \times 3 =$ ____

$6 +$ ____ $=$ ____

Para **3** a **8**, multiplica.

3. $3 \times 2 =$ ____

4. $8 \times 3 =$ ____

5. $6 \times 7 =$ ____

6. $10 \times 7 =$ ____

7. $4 \times 0 =$ ____

8. $7 \times 2 =$ ____

9. **Entender y perseverar** El equipo local anotó 4 canastas de tres puntos, 10 canastas de dos puntos y 6 tiros libres. El equipo visitante anotó 5 canastas de tres puntos, 8 canastas de dos puntos y 5 tiros libres. ¿Qué equipo anotó más puntos? Explícalo.

Piensa en lo que sabes y lo que necesitas hallar.

DATOS

Puntos de básquetbol

Tipo	Puntos
Tres puntos	3 puntos
Dos puntos	2 puntos
Tiro libre	1 punto

10. **Razonamiento de orden superior** Martina tiene 3 bolsas con pelotas de tenis. Hay 6 pelotas rosadas, 5 amarillas y 2 blancas en cada bolsa. ¿Cuántas pelotas de tenis tiene Martina en total? Muestra cómo hallaste la respuesta.

11. **Sentido numérico** Sin multiplicar, ¿cómo sabes qué producto será mayor, 4×3 o 4×5? Explícalo.

12. En el establo de Kristie hay 4 filas de 9 casillas cada una. Si cada casilla tiene un caballo, ¿cuántos caballos hay en el establo?

13. La semana pasada Jeremy viajó en avión 8 veces por trabajo. Si cada vuelo duró 2 horas, ¿cuánto tiempo pasó Jeremy volando?

☑ **Práctica para la evaluación**

14. Escoge todas las maneras en las que es posible mostrar 30 fichas en grupos iguales.

☐ 2 grupos de 10

☐ 3 grupos de 10

☐ 5 grupos de 6

☐ 6 grupos de 5

☐ 10 grupos de 3

15. Escoge todas las maneras en las que es posible mostrar 18 fichas en una matriz.

☐ 3 filas de 6

☐ 9 filas de 2

☐ 6 filas de 3

☐ 8 filas de 3

☐ 2 filas de 9

¡Revisemos!

Usa la propiedad asociativa de la multiplicación
para hallar el producto de $4 \times 2 \times 5$.

> Según la propiedad asociativa de
> la multiplicación, la manera en que se
> agrupan los factores no cambia
> el producto.

Una manera	Otra manera
$4 \times 2 \times 5$	$4 \times 2 \times 5$
$(4 \times 2) \times 5$	$4 \times (2 \times 5)$
$8 \times 5 = 40$	$4 \times 10 = 40$

1. Halla el producto de $4 \times 2 \times 3$ de dos maneras diferentes.

$4 \times 2 \times 3$
$(4 \times 2) \times 3$

____ $\times 3 =$ ____

$4 \times 2 \times 3$
$4 \times (2 \times 3)$

$4 \times$ ____ $=$ ____

Para **2** a **16**, halla el producto. Puedes hacer un dibujo para ayudarte.

2. $3 \times 2 \times 1 =$ ____

3. $2 \times 3 \times 5 =$ ____

4. $4 \times 3 \times 2 =$ ____

5. $4 \times 2 \times 7 =$ ____

6. $3 \times 3 \times 2 =$ ____

7. $2 \times 4 \times 5 =$ ____

8. $2 \times 2 \times 6 =$ ____

9. $4 \times 1 \times 5 =$ ____

10. $5 \times 1 \times 3 =$ ____

11. $6 \times 1 \times 5 =$ ____

12. $3 \times 3 \times 4 =$ ____

13. $4 \times 2 \times 6 =$ ____

14. $5 \times 5 \times 2 =$ ____

15. $2 \times 2 \times 5 =$ ____

16. $3 \times 2 \times 2 =$ ____

17. La Sra. Stokes compró 3 paquetes de jugo de frutas. Cada paquete tiene 2 filas de 6 jugos. ¿Cuántos jugos compró la Sra. Stokes? Escribe ecuaciones para resolver.

18. Razonamiento de orden superior Escribe dos ecuaciones de multiplicación diferentes para las siguientes matrices. Halla el producto de cada una.

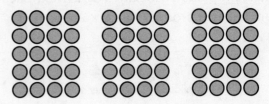

19. Matt tiene un bloque. Él usa una de las superficies planas del bloque para trazar un triángulo. ¿Qué tipo de sólido es el bloque de Matt?

20. **Ⓐ🅩 Vocabulario** Escribe una ecuación que tenga 20 como *producto* y 4 como *factor*.

21. Razonar Amy tiene 3 bolsas de canicas y Ricardo tiene 2 bolsas de canicas. Hay 6 canicas en cada una de las bolsas. ¿Cuántas canicas tienen los dos en total? Muestra cómo lo sabes.

22. Marco compró 6 hojas de estampillas. En cada hoja hay 3 filas de estampillas con 3 estampillas en cada fila. ¿Cuántas estampillas compró Marco?

✓ Práctica para la evaluación

23. Usa las propiedades de las operaciones para seleccionar todas las expresiones que se podrían usar para hallar $5 \times 2 \times 3$.

☐ $(2 \times 5) \times 3$

☐ $5 \times 2 \times 2$

☐ $5 \times (3 \times 2)$

☐ $(5 \times 2) \times 3$

☐ $5 \times (2 \times 3)$

24. Se muestra una expresión. Escoge todas las expresiones equivalentes.

$5 \times 1 \times 9$

☐ $(5 \times 1) \times 9$

☐ $(1 \times 5) \times 9$

☐ $(5 \times 1) \times 5$

☐ $5 \times (1 \times 9)$

☐ $(9 \times 9) \times 1$

Puedes usar propiedades para resolver los problemas de diferentes maneras.

Nombre _____

¡Revisemos!

John usó las operaciones que conoce para resolver 6×7 y 6×5.

Él escribió estas ecuaciones:

$6 \times 7 = (5 \times 7) + (1 \times 7) = 42$

$6 \times 5 = (5 \times 5) + (1 \times 5) = 30$

Di cómo puedes usar los razonamientos repetidos para hallar operaciones de multiplicación.

- Puedo buscar cálculos repetidos.

- Puedo hacer generalizaciones sobre los cálculos repetidos.

Haz una generalización.
Comprueba si se aplica a otras operaciones.

Puedo descomponer operaciones con 6 en operaciones de multiplicación del 5 y del 1.

Esto se aplica a otras operaciones con 6: $6 \times 9 = (5 \times 9) + (1 \times 9) = 54$

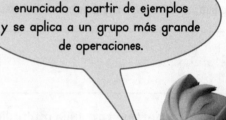

Esta generalización es un enunciado a partir de ejemplos y se aplica a un grupo más grande de operaciones.

Generalizar

Pam escribió las siguientes ecuaciones.

1. Di cómo puedes usar razonamientos repetidos para hallar operaciones de multiplicación.

2. ¿Qué factores usó Pam repetidamente? Haz una generalización.

$7 \times 6 = (5 \times 6) + (2 \times 6) = 42$

$7 \times 9 = (5 \times 9) + (2 \times 9) = 63$

$7 \times 7 = (5 \times 7) + (2 \times 7) = 49$

3. Completa esta ecuación para comprobar si tu generalización se aplica a otras operaciones. Explícalo.

$7 \times 8 = (\_ \times \_) + (\_ \times \_) = \_\_\_$

Julia coloca sus calcomanías en forma de matrices en un álbum. Algunas calcomanías son de animales. Cada página tiene una cantidad diferente de calcomanías. La tabla de la derecha da información sobre las calcomanías en el álbum de Julia.

| | Calcomanías de Julia | | |
Número de página	Calcomanías de animales	Filas de calcomanías	Columnas de calcomanías
1	7	4	7
2	4	4	6
3	9	8	9
4	9	8	6

4. Usar herramientas apropiadas Explica cómo puedes usar una de estas herramientas para hallar la cantidad de calcomanías en cada página: una recta numérica, fichas o una tabla de 100.

5. Entender y perseverar Julia multiplica para hallar la cantidad total de calcomanías en cada página. Di los factores que multiplica para cada página.

6. Usar la estructura Mira las operaciones que escribiste para el Ejercicio **5**. Descompón estas operaciones en operaciones de multiplicación del 1, del 2, del 3 y del 5 para hallar la cantidad total de calcomanías en cada página.

Página 1
(___ × ___) = (___ × ___) + (___ × ___) = ___
Página 2
(___ × ___) = (___ × ___) + (___ × ___) = ___
Página 3
(___ × ___) = (___ × ___) + (___ × ___) = ___
Página 4
(___ × ___) = (___ × ___) + (___ × ___) = ___

Puedes generalizar si piensas en los factores que usas repetidamente para resolver problemas.

7. Generalizar Mira las operaciones de multiplicación del 1, del 2, del 3 y del 5 anteriores. ¿Qué generalizaciones puedes hacer? Comprueba cada generalización con otra operación.

Nombre _____

¡Revisemos!

Práctica adicional 4-1
Relacionar la multiplicación y la división

Multiplicación	**División**
6 filas de 4 barras de pegamento	24 barras de pegamento en 6 filas iguales
$6 \times 4 = 24$	$24 \div 6 = 4$
24 barras de pegamento	4 barras de pegamento en cada fila

Busca relaciones.
¡Las operaciones de multiplicación pueden ayudarte a aprender las operaciones de división!

Esta es la familia de operaciones para 4, 6 y 24:

$4 \times 6 = 24$ $24 \div 4 = 6$

$6 \times 4 = 24$ $24 \div 6 = 4$

Para **1** y **2**, usa la relación entre la multiplicación y la división para completar cada ecuación.

1. $2 \times 7 = 14$

$14 \div 2 =$ _____

2. $81 \div 9 = 9$

$9 \times$ _____ $= 81$

Para **3** a **6**, escribe la familia de operaciones.

3. Escribe la familia de operaciones para 4, 7 y 28.

4. Escribe la familia de operaciones para 2, 10 y 20.

5. Escribe la familia de operaciones para 2, 8 y 16.

6. Escribe la familia de operaciones para 7, 8 y 56.

7. Usa la matriz para escribir una ecuación de multiplicación y una ecuación de división.

8. Razonamiento de orden superior Por cada fila de objetos en una matriz hay 2 columnas. El total de los objetos en la matriz es 18. ¿Cuántas filas y columnas tiene la matriz?

9. enVision® STEM En la clase de Julio construyeron puentes de madera de balsa para averiguar qué puente podía sostener el mayor peso. Cada persona en el grupo de Julio construyó 2 puentes. ¿Qué familia de operaciones representa el total de puentes que el grupo construyó?

Nombre	Puentes construidos
Julio	2
Rosa	2
Miguel	2
Clara	2

DATOS

10. Razonar Hay 5 pares de tijeras en un paquete. La Sra. Hill compró 35 tijeras para los estudiantes de sus clases de arte. ¿Cuántos paquetes compró?

11. Serena tiene un tren de juguete con 3 vagones. ¿Cuál es la longitud total de los vagones?

DATOS

Partes del tren de Serena	
Parte	**Longitud en pulgadas**
Locomotora	4
Ténder	3
Vagón	9
Furgón de cola	7

☑ **Práctica para la evaluación**

12. Selecciona números para crear una ecuación de multiplicación que pueda usarse para resolver $14 \div 2 = \square$.

| 2 | 3 | 4 | 7 | 14 | 20 |

$\square \times 2 = \square$

13. Selecciona números para crear una ecuación de multiplicación que pueda usarse para resolver $42 \div 7 = \square$.

| 2 | 3 | 6 | 7 | 24 | 42 |

$\square \times 7 = \square$

Nombre _____

¡Revisemos!

Puedes pensar en la multiplicación para hallar operaciones de división.

Halla $16 \div 2$.

Lo que piensas	Lo que escribes
$2 \times ? = 16$ ↑ ¿Qué número multiplicado por 2 es igual a 16? $2 \times 8 = 16$	$16 \div 2 = 8$

Halla $12 \div 3$.

Lo que piensas	Lo que escribes
$3 \times ? = 12$ ↑ ¿Qué número multiplicado por 3 es igual a 12? $3 \times 4 = 12$	$12 \div 3 = 4$

Halla $24 \div 4$.

Lo que piensas	Lo que escribes
$4 \times ? = 24$ ↑ ¿Qué número multiplicado por 4 es igual a 24? $4 \times 6 = 24$	$24 \div 4 = 6$

Halla $40 \div 5$.

Lo que piensas	Lo que escribes
$5 \times ? = 40$ ↑ ¿Qué número multiplicado por 5 es igual a 40? $5 \times 8 = 40$	$40 \div 5 = 8$

Para **1** a **16**, halla los cocientes.

1. $14 \div 2 =$ _____

2. $35 \div 5 =$ _____

3. $15 \div 3 =$ _____

4. $32 \div 4 =$ _____

5. $9 \div 3 =$ _____

6. $18 \div 2 =$ _____

7. $16 \div 2 =$ _____

8. $21 \div 3 =$ _____

9. $2\overline{)12}$

10. $3\overline{)27}$

11. $5\overline{)25}$

12. $4\overline{)20}$

13. $5\overline{)30}$

14. $5\overline{)45}$

15. $2\overline{)10}$

16. $4\overline{)28}$

17. Hacerlo con precisión Tienes 18 borradores y usas 3 borradores por mes. ¿Cuántos meses te durarán los borradores? Identifica el cociente, el dividendo y el divisor.

18. Escribe una familia de operaciones usando los números 5, 6 y 30.

19. Paul dibujó dos polígonos diferentes. Una figura tiene 4 lados. La otra figura tiene menos de 4 lados. ¿Cuáles pueden ser las dos figuras que dibujó Paul?

20. Megan puso 25 sillas en 5 filas iguales. Escribe y resuelve una ecuación para hallar cuántas sillas hay en cada fila.

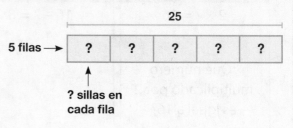

25

5 filas → | ? | ? | ? | ? | ? |

? sillas en cada fila

21. Razonamiento de orden superior Camilo tiene 16 pelotas de goma para compartir con sus 2 hermanos y su hermana. Si Camilo, sus hermanos y su hermana reciben la misma cantidad de pelotas de goma, ¿cuántas pelotas de goma recibirá cada uno de ellos?

Piensa en lo que sabes y en lo que necesitas hallar.

Práctica para la evaluación

22. ¿Qué expresión puede ayudarte a dividir $40 \div 5$?

- Ⓐ 5×8
- Ⓑ 5×7
- Ⓒ 5×6
- Ⓓ 5×5

23. ¿Qué expresión puede ayudarte a dividir $16 \div 4$?

- Ⓐ 4×3
- Ⓑ 4×4
- Ⓒ 4×5
- Ⓓ 4×6

Práctica   Herramientas

¡Revisemos!

Martha tiene 42 pinos para plantar en un terreno.
Si Martha planta los árboles en 6 filas iguales,
¿cuántos árboles habrá en cada fila?
Si planta 7 filas iguales, ¿cuántos árboles
habrá en cada fila?

Halla $42 \div 6$.

> Puedes dividir para hallar cuántos árboles hay en cada fila.

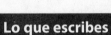

Lo que piensas
¿Qué número multiplicado por 6 es igual a 42? $7 \times 6 = 42$

Lo que escribes
$42 \div 6 = 7$ Hay 7 árboles en cada fila.

Halla $42 \div 7$.

Lo que piensas
¿Qué número multiplicado por 7 es igual a 42? $6 \times 7 = 42$

Lo que escribes
$42 \div 7 = 6$ Hay 6 árboles en cada fila.

Para **1** y **2**, dibuja un diagrama de barras para hallar el cociente.

1. Halla $56 \div 7$.

2. Halla $36 \div 6$.

Para **3** a **13**, halla el cociente.

3. $30 \div 6 =$ _____

4. $28 \div 7 =$ _____

5. $42 \div 6 =$ _____

6. $54 \div 6 =$ _____

7. $6\overline{)48}$

8. $7\overline{)56}$

9. $7\overline{)70}$

10. $7\overline{)49}$

11. Divide 60 por 6.

12. Divide 7 por 7.

13. Halla 21 dividido por 7.

Para **14** y **15**, usa la imagen de la derecha.

14. Cada lado de la pajarera lleva 9 clavos. ¿Cuántos clavos se necesitan para una pajarera entera?

15. Si solo se usan 7 clavos en cada lado, ¿cómo cambiará esto el total de clavos que se usarán?

> Hay 7 lados en la pajarera.

---

16. 24 estudiantes van al zoológico en 4 grupos iguales. Escribe y resuelve una ecuación para hallar cuántos estudiantes hay en cada grupo.

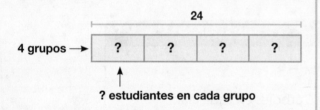

17. **Entender y perseverar** Hay 42 rosas en el jardín. Diana recoge 7 rosas para cada ramo de flores. ¿Cuántos ramos puede hacer? ¿Cuántos ramos más puede hacer Diana si usa 6 rosas en cada ramo?

---

18. **Razonamiento de orden superior** Juanita leyó 48 páginas. Leyó más de 5 capítulos pero menos de 10. Todos los capítulos tenían la misma cantidad de páginas. ¿Cuántos capítulos pudo haber leído Juanita? ¿Cuántas páginas había en esos capítulos?

19. Manny debe leer un libro de 28 capítulos. Lee 7 capítulos por semana. ¿Cuánto tiempo tardará Manny en leer todo el libro?

✓ **Práctica para la evaluación**

20. ¿Qué operación de multiplicación puedes usar para hallar el valor del número desconocido en la ecuación $49 \div 7 = \square$?

Ⓐ 5×7

Ⓑ 6×7

Ⓒ 7×7

Ⓓ 8×7

21. ¿Qué operación de multiplicación puedes usar para hallar el valor del número desconocido en la ecuación $48 \div 6 = \square$?

Ⓐ 5×6

Ⓑ 6×6

Ⓒ 7×6

Ⓓ 8×6

Nombre _____

¡Revisemos!

Las operaciones de multiplicación te pueden ayudar a hallar operaciones de división cuando el divisor es 8 o 9.

Hay 32 fichas. Hay 8 filas de fichas. ¿Cuántas fichas hay en cada fila?

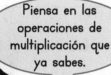 Piensa en las operaciones de multiplicación que ya sabes.

Halla 32 ÷ 8.

Lo que piensas	Lo que escribes
¿Qué número multiplicado por 8 es igual a 32? $8 \times 4 = 32$	$32 \div 8 = 4$ Hay 4 fichas en cada fila.

Hay 45 fichas. Hay 9 grupos iguales. ¿Cuántas fichas hay en cada grupo?

Halla 45 ÷ 9.

Lo que piensas	Lo que escribes
¿Qué número multiplicado por 9 es igual a 45? $9 \times 5 = 45$	$45 \div 9 = 5$ Hay 5 fichas en cada grupo.

Para **1** a **3**, usa la ecuación de multiplicación como ayuda para hallar cada cociente.

1. $54 \div 9 = ?$

$9 \times \underline{\quad} = 54$

Por tanto, $54 \div 9 = \underline{\quad}$.

2. $24 \div 8 = ?$

$8 \times \underline{\quad} = 24$

Por tanto, $24 \div 8 = \underline{\quad}$.

3. $56 \div 8 = ?$

$8 \times \underline{\quad} = 56$

Por tanto, $56 \div 8 = \underline{\quad}$.

Para **4** a **12**, halla los cocientes.

4. $36 \div 9 = \underline{\quad}$

5. $63 \div 9 = \underline{\quad}$

6. $80 \div 8 = \underline{\quad}$

7. $9\overline{)72}$

8. $8\overline{)48}$

9. $9\overline{)81}$

10. $8\overline{)8}$

11. $9\overline{)90}$

12. $9\overline{)27}$

13. Maluwa tiene 9 fichas idénticas. Cuando cuenta la cantidad total de lados de las fichas, obtiene 72. Haz un dibujo de la figura que puede tener su ficha y nombra la figura.

14. Cada mes Berta deposita dinero en su cuenta de ahorros. Durante 8 meses ha ahorrado $48. Si Berta depositó la misma cantidad cada mes, ¿de cuánto es un depósito?

---

15. Construir argumentos La tabla de la derecha muestra los precios de las películas para la función de la tarde y la de la noche. Con $63, ¿puedes comprar más boletos para la función de la tarde o para la función de la noche? Explícalo.

Precios de las películas	
Función de la tarde	$7
Función de la noche	$9

DATOS

---

16. Tomás anotó 64 puntos en los primeros 8 partidos de básquetbol en los que jugó. Anotó el mismo puntaje en cada partido. Escribe una ecuación y resuélvela para hallar cuántos puntos anotó Tomás en cada partido.

17. Razonamiento de orden superior Adam hizo 19 barcos de papel el lunes y 8 más el martes. Regaló todos los barcos a 9 amigos de modo que todos los amigos recibieran la misma cantidad de barcos. ¿Cuántos barcos recibió cada amigo? Explica tu respuesta.

✓ Práctica para la evaluación

18. Halla $72 \div 8$ seleccionando números para completar las siguientes ecuaciones. Algunos números pueden usarse más de una vez.

| 2 | 3 | 6 | 8 | 9 |

$8 \times \square = 72$

$72 \div 8 = \square$

19. Halla $27 \div 9$ seleccionando números para completar las siguientes ecuaciones. Algunos números pueden usarse más de una vez.

| 2 | 3 | 4 | 8 | 9 |

$9 \times \square = 27$

$27 \div 9 = \square$

Nombre _____

Práctica adicional 4-5
Patrones de multiplicación: Números pares e impares

¡Revisemos!

Los números pares tienen 0, 2, 4, 6 u 8 en el lugar de las unidades. Los números impares tienen 1, 3, 5, 7 o 9 en el lugar de las unidades.

Piensa en los números 0, 2, 4, 6 y 8. Cuando divides estos números por 2, no sobra nada. Estos números son pares.

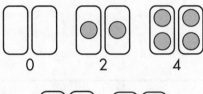

0   2   4

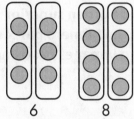

6   8

Todos los números pares se pueden representar como dos grupos iguales. Si al menos un factor es par al multiplicar, el producto será par.

$4 \times 5 = (2 \times 2) \times 5$
$4 \times 5 = 2 \times (2 \times 5)$.

Por tanto, $4 \times 5 = 2 \times 10$.
El producto es 2 grupos iguales de 10.

Piensa en los números 1, 3, 5, 7 y 9. Cuando divides estos números por 2, sobra 1. Estos números son impares.

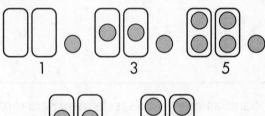

1   3   5

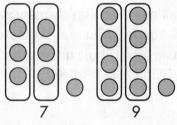

7   9

No puedes pensar en los números impares como 2 grupos iguales sin que sobre nada. Si los dos factores son impares al multiplicar, el producto será impar.

$7 \times 5 = 35$
$1 \times 9 = 9$

Para **1** a **4**, encierra en un círculo el dígito en el lugar de las unidades. Luego, escribe *par* o *impar*.

1. 36 es _____.   **2.** 18 es _____.   **3.** 83 es _____.   **4.** 40 es _____.

Para **5** a **7**, encierra en un círculo los factores que son divisibles por 2. Luego, escribe *par* o *impar* para describir el producto y resuelve el problema.

5. $7 \times 4 = ?$

7×4 es _____.

$7 \times 4 = 28$.

6. $6 \times 6 = ?$

6×6 es _____.

$6 \times 6 = 36$

7. $5 \times 9 = ?$

5×9 es _____.

$5 \times 9 = 45$.

8. Ted compró 1 caja de silbatos, 1 caja de serpentinas y 1 caja de calcomanías. ¿Cuántas sorpresas compró en total? Muestra tu trabajo.

Sorpresas	
Artículo	**Cantidad por caja**
Silbatos	12
Sombreros	24
Serpentinas	48
Calcomanías	36

9. Juan dice que 9 × 9 es par. ¿Tiene razón? Explícalo.

10. Generalizar Explica por qué el producto de cualquier número multiplicado por 2 es un número par.

11. Sandra tiene 18 bolsas de maní para repartir entre 9 amigos. ¿Cuántas bolsas le puede dar a cada amigo? Dibuja un diagrama de barras como ayuda para resolverlo.

12. Razonamiento de orden superior Explica si el producto de un **número par × número impar × número impar** es par o impar.

Práctica para la evaluación

13. Selecciona todas las ecuaciones en las cuales puedas usar las propiedades de las operaciones para demostrar que el producto será par.

☐ 1 × 3 = ?

☐ 3 × 5 = ?

☐ 7 × 1 = ?

☐ 8 × 2 = ?

☐ 6 × 6 = ?

14. Selecciona todas las ecuaciones cuyos productos **NO** son pares.

☐ 7 × 3 = ?

☐ 6 × 2 = ?

☐ 1 × 3 = ?

☐ 5 × 7 = ?

☐ 9 × 6 = ?

Nombre _____

¡Revisemos!

Hay reglas especiales que se deben seguir cuando se divide por 0 o por 1.

Regla	Ejemplo	Lo que piensas	Lo que escribes
Cuando un número se divide por 1, el cociente es ese mismo número.	$7 \div 1 = ?$	¿Qué número multiplicado por 1 es igual a 7? $1 \times 7 = 7$ Por tanto, $7 \div 1 = 7$.	$7 \div 1 = 7$ o $1\overline{)7}$ con cociente 7
Cuando un número (excepto el 0) se divide por sí mismo, el cociente es 1.	$8 \div 8 = ?$	¿Qué número multiplicado por 8 es igual a 8? $8 \times 1 = 8$ Por tanto, $8 \div 8 = 1$.	$8 \div 8 = 1$ o $8\overline{)8}$ con cociente 1
Cuando se divide 0 por un número (excepto el 0), el cociente es 0.	$0 \div 5 = ?$	¿Qué número multiplicado por 5 es igual a 0? $5 \times 0 = 0$ Por tanto, $0 \div 5 = 0$.	$0 \div 5 = 0$ o $5\overline{)0}$ con cociente 0
No se puede dividir un número por 0.	$9 \div 0 = ?$	¿Qué número multiplicado por 0 es igual a 9? No hay ningún número que responda a la pregunta; por tanto, $9 \div 0$ no se puede resolver.	$9 \div 0$ no se puede resolver.

Para **1** a **8**, escribe el cociente.

1. $5 \div 1 =$ _____

2. $9 \div 9 =$ _____

3. $0 \div 8 =$ _____

4. $6 \div 6 =$ _____

5. $4 \div 1 =$ _____

6. $1\overline{)7}$

7. $8\overline{)8}$

8. $7\overline{)0}$

Para **9** y **10**, usa el cartel de la derecha.

9. **Hacerlo con precisión** Aiden tenía $20. Gastó todo su dinero en boletos para juegos mecánicos. ¿Cuántos boletos compró Aiden?

BOLETOS PARA JUEGOS MECÁNICOS
$1 cada uno

10. Tanji gastó $8 en boletos para juegos mecánicos y repartió los boletos por igual entre 8 amigos. ¿Cuántos boletos recibió cada amigo?

---

11. ¿Cuál de estas opciones tiene el mayor cociente: 6 ÷ 6, 5 ÷ 1, 0 ÷ 3 u 8 ÷ 8? Explícalo.

12. **Sentido numérico** Escribe los números 0, 1, 3 y 3 en los espacios en blanco para que la oración numérica sea verdadera.

_____ ÷ _____ > _____ ÷ _____

---

13. La cantidad de estudiantes que tiene la Escuela primaria Netherwood es un número impar entre 280 y 300. Haz una lista de todas las cantidades de estudiantes que puede tener la escuela.

14. **Razonamiento de orden superior** Escribe y resuelve un problema-cuento que se relacione con 6 ÷ 6.

☑ **Práctica para la evaluación**

15. Usa las propiedades de la división para unir cada ecuación con su cociente.

	0	1
9 ÷ 9 = ?	☐	☐
0 ÷ 6 = ?	☐	☐
2 ÷ 2 = ?	☐	☐

16. Usa las propiedades de la división para unir cada ecuación con su cociente.

	0	1
7 ÷ 7 = ?	☐	☐
0 ÷ 1 = ?	☐	☐
0 ÷ 4 = ?	☐	☐

Nombre _____

Práctica Herramientas

Práctica adicional 4-7
Practicar operaciones de multiplicación y de división

¡Revisemos!

Una clase prepara palomitas de maíz para una feria. 10 estudiantes preparan cada uno 3 tazas de palomitas de maíz. Los estudiantes colocan las palomitas de maíz en bolsas en las que caben 6 tazas. Halla la cantidad total de tazas. Luego, halla cuántas bolsas de palomitas de maíz prepararon los estudiantes.

Puedes resolver los problemas usando la multiplicación y la división.

Multiplicación

¿Cuántas tazas de palomitas prepararon en total?

$$10 \times 3 = ?$$

Cantidad de estudiantes   Tazas que preparó cada estudiante   Cantidad total de tazas

$10 \times 3 = 30$

Los estudiantes prepararon 30 tazas de palomitas de maíz en total.

División

¿Cuántos grupos de 6 hay en 30?

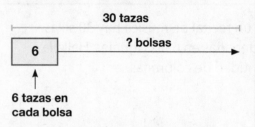

Divide la cantidad total de tazas por la cantidad de tazas en cada bolsa:

$30 \div 6 = 5$ ← Cantidad de bolsas

Los estudiantes prepararon 5 bolsas de palomitas de maíz.

Para **1** a **9**, usa la multiplicación y la división para completar la familia de operaciones.

1. $21 \div 3 =$ _____

$3 \times$ _____ $= 21$

$21 \div$ _____ $= 3$

_____ $\times 3 = 21$

2. _____ $= 36 \div 6$

$36 = 6 \times$ _____

3. $2 =$ _____ $\div 9$

_____ $= 2 \times 9$

$9 =$ _____ $\div 2$

_____ $= 9 \times 2$

4. _____ $= 54 \div 9$

$54 = 9 \times$ _____

$9 = 54 \div$ _____

$54 =$ _____ $\times 9$

5. $18 \div 6 =$ _____

$6 \times$ _____ $= 18$

$18 \div$ _____ $= 6$

_____ $\times 6 = 18$

6. $40 \div 5 =$ _____

$5 \times$ _____ $= 40$

$40 \div$ _____ $= 5$

_____ $\times 5 = 40$

7. $14 \div 2 =$ _____

$2 \times$ _____ $= 14$

$14 \div$ _____ $= 2$

_____ $\times 2 = 14$

8. $25 \div 5 =$ _____

$5 \times$ _____ $= 25$

9. _____ $= 32 \div 4$

$32 = 4 \times$ _____

$4 = 32 \div$ _____

$32 =$ _____ $\times 4$

En línea | SavvasRealize.com   **Tema 4** | Lección 4-7   **51**

Para **10** y **11**, usa la tabla de la derecha.

10. **Entender y perseverar** Esteban les pregunta a algunos compañeros de clase cuál es su color favorito. Anota la información en la tabla. ¿Cuántos compañeros respondieron a la pregunta?

11. Supón que Esteban les pregunta a más compañeros cuál es su color favorito. Si 4 compañeros más responden el azul esta vez, ¿cuántos compañeros en total responden que prefieren el azul?

Color favorito

DATOS		
Rojo		~~HHI~~ ~~HHI~~ I
Azul		~~HHI~~ IIII
Verde		~~HHI~~ ~~HHI~~ III

12. En un recital de música hay 30 sillas ordenadas en 6 filas iguales. Halla la cantidad de columnas.

13. Una maestra de música tiene 4 baterías. Cada batería tiene 2 palillos. Cada palillo cuesta $3. ¿Cuántos palillos tiene la maestra? ¿Cuánto cuesta reemplazarlos todos?

14. **Razonamiento de orden superior** Un tablero de ajedrez tiene 8 filas de casillas con 8 casillas en cada fila. Dos jugadores colocan 16 piezas en el tablero cada uno, con cada pieza en una casilla diferente. ¿Cuántas casillas están vacías ahora? Explica tu respuesta.

✅ **Práctica para la evaluación**

15. Usa la relación entre la multiplicación y la división para hallar el valor desconocido.

Ecuación	Valor desconocido
$24 \div 4 = ?$	
$4 \times ? = 24$	
$8 = 56 \div ?$	
$8 \times ? = 56$	

16. Usa las propiedades de las operaciones para hallar el valor desconocido.

Ecuación	Valor desconocido
$7 \div 1 = ?$	
$? = 3 \div 3$	
$? = 9 \times 1$	
$4 \times 0 = ?$	

Práctica   Herramientas

¡Revisemos!

Recuerda que una ecuación usa el signo igual (=) para mostrar que el valor a su izquierda es igual que el valor a su derecha.

Las ecuaciones tienen números desconocidos. Estos números se pueden representar con un signo de interrogación.

$$10 = 40 \div ?$$

Esta ecuación indica que 10 es igual a 40 dividido por un número. Sabes que $40 \div 4 = 10$, por tanto, $? = 4$.

Puedes escribir ecuaciones para representar problemas de matemáticas.

1. Frankie tiene unas monedas de 5¢. En total tiene 45 centavos. ¿Cuántas monedas de 5¢ tiene? Completa la tabla para escribir una ecuación que represente el problema.

Usa ? para representar la cantidad de monedas de 5¢ que tiene Frankie.	?
Puedes multiplicar la cantidad de monedas de 5¢ por 5 para hallar el valor total de las monedas.	$? \times$ _____
Las monedas de 5¢ de Frankie valen 45 centavos.	$? \times 5 =$ _____

Para resolver el problema, halla el valor de ? que hace verdadera la ecuación:
_____ $\times 5 = 45$. Frankie tiene _____ monedas de 5¢.

Para **2** a **5**, halla el valor de ? que hace verdadera la ecuación.

2. $? \div 5 = 6$

3. $36 = 6 \times ?$

4. $14 = ? \times 2$

5. $81 \div ? = 9$

Para **6** y **7**, escribe y resuelve una ecuación que represente el problema.

6. Un restaurante tiene 24 sillas y algunas mesas. Hay 4 sillas alrededor de cada mesa. ¿Cuántas mesas hay?

7. Susana compra 6 juegos de pintura. Cada juego contiene la misma cantidad de pinceles. Susana compra 18 pinceles. ¿Cuántos pinceles hay en cada juego de pintura?

8. Carlos tiene una cuerda que mide 24 pulgadas de longitud. Quiere dividirla en 3 partes iguales. Escribe una ecuación para hallar la longitud de cada parte. Usa ? para representar el número desconocido y, luego, resuelve tu ecuación.

Puedes usar un diagrama de barras como ayuda.

24 pulgadas

| ? | ? | ? |

---

9. Razonamiento de orden superior Héctor estuvo desde el domingo hasta el sábado siguiente en la playa. Todos los días recogió la misma cantidad de conchas marinas. Si Héctor recogió 63 conchas marinas, ¿cuántas recogió el martes? Explica tu respuesta.

10. Entender y perseverar Elena quiere resolver la ecuación $32 \div ? = 8$. Dice que el valor de ? es 4. ¿Es razonable la respuesta de Elena? Explícalo.

---

11. Razonar ¿Los puntos *A* y *B* representan el mismo número o representan números diferentes? Explícalo.

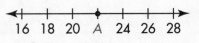

16 18 20 *A* 24 26 28

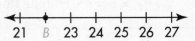

21 *B* 23 24 25 26 27

---

12. ¿Cuál es el valor desconocido en la ecuación $32 \div ? = 4$?

Ⓐ 6

Ⓑ 7

Ⓒ 8

Ⓓ 9

13. ¿Cuál es el valor desconocido en la ecuación $10 \times ? = 80$?

Ⓐ 5

Ⓑ 6

Ⓒ 7

Ⓓ 8

Nombre _____

¡Revisemos!

Para resolver un problema de dos pasos, quizá primero necesites hallar la respuesta a una pregunta escondida. Luego, puedes usar esa respuesta para resolver el problema.

Sandra tiene $22 para gastar en útiles escolares. Compra una mochila y gasta el resto del dinero en cuadernos. ¿Cuántos cuadernos compra Sandra?

Di cómo se puede entender el problema.

- Puedo identificar lo que se sabe del problema.

- Puedo buscar y responder a preguntas escondidas.

- Puedo hacer un plan para resolver el problema.

Di qué operaciones usarás. Luego, resuelve el problema.

Usaré la resta y la división.

Una mochila cuesta $10. $22 − $10 = $12.

Sandra ahora tiene $12 para gastar en cuadernos. Cada cuaderno cuesta $3.

$12 ÷ $3 = 4. Sandra puede comprar 4 cuadernos.

Si no puedes seguir adelante, puedes perseverar intentando usar una estrategia diferente.

Entender y perseverar

Hay 5 jugadores en un equipo de básquetbol. Durante un partido, 4 jugadores anotaron 6 puntos cada uno. El equipo anotó 34 puntos en total. ¿Cuántos puntos anotó el otro jugador?

1. Di cómo se puede entender el problema.

2. Di las cantidades que sabes. Luego, explica qué necesitas hallar primero para resolver el problema.

3. Di qué operaciones usarás. Luego, resuelve el problema.

Excursión al zoológico

La clase del tercer grado de la escuela primaria Thomas va de excursión al zoológico. Los estudiantes están organizados en grupos de 6. Se han combinado las clases del Sr. Beltrán y la Sra. Rojas.

DATOS	Maestro	Cantidad de estudiantes
	Sr. Beltrán	18
	Sra. Rojas	24
	Sra. Holtz	17

4. **Entender y perseverar** Los maestros quieren saber cuántos grupos hay en las clases combinadas. ¿Qué necesitas saber para resolver el problema?

5. **Razonar** Halla cuántos grupos hay en las clases combinadas. Escribe una ecuación por cada paso. Explica cómo se relacionan las cantidades.

6. **Evaluar el razonamiento** Ryan resolvió el problema anterior. Dice que hay 6 grupos de 6 estudiantes y 1 grupo de 5 estudiantes. ¿Qué hizo mal Ryan?

Entiende la información del problema identificando las cantidades. Piensa: ¿Hay una pregunta escondida que necesito resolver primero?

7. **Generalizar** Si las clases del Sr. Beltrán y la Sra. Holtz se combinaran y quisieras hallar cuántos grupos de 6 estudiantes hay, ¿podrías usar la misma estrategia que usaste en el Ejercicio **5**? Explícalo.

Práctica   Herramientas

¡Revisemos!

Puedes hallar y explicar patrones de multiplicación.

×	1	2	3	4	5	6	7	8	9
6	6	12	18	24	30	36	42	48	54

Puedes ver que los productos de 6 aumentan en 6 a medida que el otro factor aumenta.

Por tanto, sabes que 4 grupos de 6 es igual a 3 grupos de 6 más 1 grupo más de 6. Puedes usar la propiedad distributiva para explicarlo.

$$4 \times 6 = (3 + 1) \times 6$$
$$= (3 \times 6) + (1 \times 6)$$
$$= 18 + 6$$
$$= 24$$

Para hallar patrones, busca cosas que se repitan o que sean iguales.

Para **1** a **5**, usa la tabla de multiplicar que se muestra a la derecha.

1. Halla la columna que tenga productos que sean la suma de los números sombreados en cada fila. Colorea esta columna.

2. Muestra 3 ejemplos del patrón que relaciona las columnas sombreadas.

×	1	2	3	4	5	6	7	8	9
1	1	2	3	4	5	6	7	8	9
2	2	4	6	8	10	12	14	16	18
3	3	6	9	12	15	18	21	24	27
4	4	8	12	16	20	24	28	32	36
5	5	10	15	20	25	30	35	40	45
6	6	12	18	24	30	36	42	48	54
7	7	14	21	28	35	42	49	56	63
8	8	16	24	32	40	48	56	64	72
9	9	18	27	36	45	54	63	72	81

3. Explica por qué este patrón es verdadero.

4. Halla un patrón similar usando productos diferentes. Colorea las columnas en la tabla de multiplicar.

5. Explica cómo escoges qué columnas colorear.

6. Teresa compró 3 cajas de chocolates. Cada caja contiene 9 chocolates. Teresa regaló 15. ¿Cuántos chocolates le quedan?

7. (A-Z) **Vocabulario** Margie dividió 24 por 3. El *dividendo* es _____. El *cociente* es _____.

8. Buscar relaciones Mira los múltiplos de 2. ¿Qué patrón ves?

×	1	2	3	4	5	6	7	8	9	10
2	2	4	6	8	10	12	14	16	18	20

9. Mira la tabla que se usa para los Ejercicios **1** a **5** en la página anterior. ¿Esta tabla tiene más productos pares o más productos impares? Explícalo.

10. Razonamiento de orden superior Chris tiene que hallar el producto de dos números. Uno de los números es 11. La respuesta también tiene que ser 11. ¿Cómo resolverá Chris este problema? Explícalo.

☑ **Práctica para la evaluación**

11. Mira los productos sombreados en la tabla de multiplicar.

×	1	2	3	4	5	6	7	8	9
1	1	2	3	4	5	6	7	8	9
2	2	4	6	8	10	12	14	16	18
3	3	6	9	12	15	18	21	24	27
4	4	8	12	16	20	24	28	32	36
5	5	10	15	20	25	30	35	40	45
6	6	12	18	24	30	36	42	48	54
7	7	14	21	28	35	42	49	56	63
8	8	16	24	32	40	48	56	64	72
9	9	18	27	36	45	54	63	72	81

¿Qué patrón y propiedad de las operaciones se muestra en la fila y la columna que están sombreadas?

Ⓐ Los productos en la fila y la columna son iguales; La propiedad de identidad de la multiplicación

Ⓑ Los productos en la fila y la columna son iguales. Cambiar el orden de los factores no altera el producto; La propiedad conmutativa de la multiplicación

Ⓒ Los productos en la fila y la columna son iguales; La propiedad distributiva

Ⓓ No hay patrones ni propiedades

¡Revisemos!

Halla $24 \div 6$.

Puedes pensar en una división como una operación de multiplicación a la que le falta un factor.

A. Halla el factor que ya conoces en la primera columna de la tabla. En $6 \times ? = 24$, ese factor es **6**.

B. Atraviesa la fila hasta llegar al producto. En $6 \times ? = \mathbf{24}$, el producto es **24**.

C. Sigue derecho hacia la parte superior de la columna. El número en la parte superior de la columna es 4. Por tanto, el factor que falta es 4, y $24 \div 6 = 4$.

factor que falta →

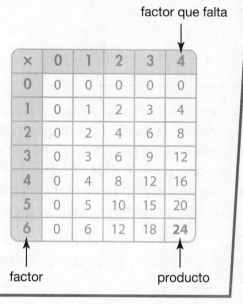

factor   producto

Para **1** a **3**, halla el valor que hace verdaderas las ecuaciones. Usa una tabla de multiplicar para ayudarte.

1. ____ $= 8 \div 2$

$2 \times$ ____ $= 8$

2. $12 \div 4 =$ ____

$4 \times$ ____ $= 12$

3. $16 \div 8 =$ ____

$16 = 8 \times$ ____

Para **4** y **5**, halla los factores y productos que faltan.

4.

×	□	6	□
0			
□		30	
9	45		63
□		42	

5.

×	□	□	9
2	8		
□			81
3		9	
□			72

6. Cristina tiene las siguientes dos fichas. Dibuja una nueva figura que podría crear con ambas fichas. Luego, nombra la figura e indica cuántos lados tiene.

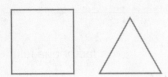

7. El tocador de Mónica tiene 3 gavetas. En cada gaveta guarda la misma cantidad de blusas. Mónica tiene 27 blusas. ¿Cuántas blusas hay en cada gaveta?

8. Representar con modelos matemáticos Una tienda de mascotas tiene 24 peces en 8 peceras, con la misma cantidad de peces en cada pecera. ¿Qué operación de multiplicación puedes usar para hallar cuántos peces hay en cada pecera?

9. Álgebra Ethan fue al mercado de granjeros y compró 57 frutas. Compró 15 peras, 22 manzanas y varios duraznos. Escribe una ecuación para hallar cuántos duraznos compró Ethan. Usa una incógnita para representar la cantidad de duraznos.

10. enVision® STEM En una casa hay 18 paneles solares. Los paneles solares están organizados en 3 columnas iguales. ¿Cuántas filas de paneles solares tiene la casa? Explica cómo resolver el problema.

11. Razonamiento de orden superior Mike dice que puede usar la tabla de multiplicar para hallar $5 \div 0$. ¿Tiene razón? Explícalo.

✓ **Práctica para la evaluación**

12. Usa la relación entre la multiplicación y la división para hallar el número que falta en la ecuación .
$63 \div 7 = \square$.

Ⓐ 70

Ⓑ 56

Ⓒ 9

Ⓓ 8

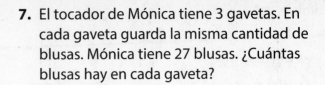

Nombre _____

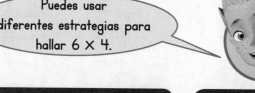

Práctica adicional 5-3
Usar estrategias para multiplicar

¡Revisemos!

Halla 6×4.

Puedes usar diferentes estrategias para hallar 6×4.

Una manera
Dibuja un diagrama de barras y cuenta salteado.

6×4 significa 6 grupos de 4.

Cada sección del diagrama de barras representa 1 grupo de 4.

?

4	4	4	4	4	4
4	8	12	16	20	24

Cuenta de 4 en 4 para resolver.

Por tanto, $6 \times 4 = 24$.

Otra manera
Otra manera de resolver este problema es usando la propiedad distributiva. Usa operaciones de multiplicación del 3 como ayuda.

$3 \times 4 = 12$

$3 \times 4 = 12$
$12 + 12 = 24$

Por tanto, $6 \times 4 = 24$.

Para **1** y **2**, muestra dos maneras diferentes de hallar el producto.

1. $3 \times 5 = ?$

?

5	5	
5	10	___

$3 \times 5 =$ ___

$2 \times 5 =$ ___

$1 \times 5 =$ ___

$10 +$ ___ $=$ ___

2. $3 \times 4 = ?$

?

4	4	
4	8	___

$3 \times 4 =$ ___

$2 \times 4 =$ ___

$1 \times 4 =$ ___

$8 +$ ___ $=$ ___

Para **3** a **8**, multiplica.

3. $7 \times 2 =$ ___

4. ___ $= 8 \times 5$

5. $6 \times 8 =$ ___

6. $9 \times 7 =$ ___

7. $4 \times 8 =$ ___

8. ___ $= 7 \times 3$

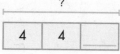

9. **Entender y perseverar** El equipo local anotó 3 *touchdowns*. El equipo visitante anotó 4 goles de campo. ¿Qué equipo anotó más puntos? Muestra tu estrategia.

DATOS

Puntaje del fútbol americano

Tipo	Puntos
Touchdown	6 puntos
Gol de campo	3 puntos
Safety	2 puntos

10. Rick dice: "Para hallar 2 × 5, puedo contar de 5 en 5: 5, 10, 15, 20, 25. El producto es 25". Explica qué hizo mal Rick.

11. **Álgebra** Escribe los signos matemáticos para hacer que las ecuaciones sean verdaderas.

$81 = 9 \boxed{} 9$

$9 \boxed{} 6 = 54$

$9 = 72 \boxed{} 8$

12. **Razonamiento de orden superior** Jill tiene 4 bolsas de canicas. En cada bolsa hay 3 canicas rojas, 5 verdes, 2 amarillas y 6 negras. ¿Cuántas canicas tiene Jill? Muestra cómo hallaste la respuesta.

13. El Sr. Roberts planea manejar un total de 56 millas. Le faltan 29 millas para llegar. ¿Cuántas millas ha manejado hasta ahora?

56 millas	
?	29 millas

Práctica para la evaluación

14. ¿Qué opción muestra una de las maneras en las que podrías usar las propiedades de las operaciones para hallar 5 × 2?

Ⓐ $(5 \times 2) \times 2$

Ⓑ $5 \times (2 \times 2)$

Ⓒ $(3 \times 2) + (2 \times 2)$

Ⓓ $(5 + 2) + (5 + 2)$

15. ¿Qué ecuación de multiplicación podrías usar para resolver $32 \div 8 = \boxed{}$?

Ⓐ $8 \times 8 = 64$

Ⓑ $4 \times 8 = 32$

Ⓒ $1 \times 8 = 8$

Ⓓ $4 \times 4 = 16$

Práctica   Herramientas

Práctica adicional 5-4
Resolver problemas verbales: Operaciones de multiplicación y de división

¡Revisemos!

Enrico tiene 32 piñas de pino. Usa 8 piñas para hacer una escultura en la clase de arte. Si Enrico hace más esculturas con 8 piñas en cada una, ¿cuántas esculturas en total puede hacer?

Dibuja un diagrama de barras para representar el problema.

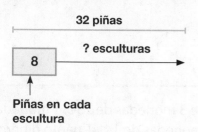

Multiplica o divide para resolver: $4 \times 8 = 32$ o $32 \div 8 = 4$.

Por tanto, Enrico puede hacer 4 esculturas.

> Un diagrama de barras te puede ayudar a ver que hay más de una manera de reflexionar sobre este problema.

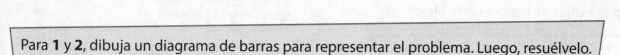

Para **1** y **2**, dibuja un diagrama de barras para representar el problema. Luego, resuélvelo.

1. Víctor compra unos paquetes de seis latas de soda para una fiesta. Compra 42 latas en total. ¿Cuántos paquetes de seis sodas compra Víctor?

2. Lester escucha 8 canciones cada vez que hace su rutina de ejercicios. Esta semana hizo su rutina 3 veces. ¿Cuántas canciones escuchó Lester esta semana mientras hacía ejercicio?

Para **3** y **4**, escribe una ecuación con una incógnita para representar el problema. Luego, resuélvelo.

3. Hay 9 jugadores en un equipo de béisbol. Un club tiene 9 equipos de béisbol. ¿Cuántos jugadores de béisbol hay en el club?

4. Megan ganó $4 por trabajar cuidando niños una hora. El sábado ganó $16. ¿Cuántas horas trabajó de niñera?

5. Andrés está preparando sillas desplegables para una asamblea escolar. Arregla 4 filas de sillas. Cada fila tiene 7 sillas. ¿Cuántas sillas prepara Andrés? Completa el diagrama de barras y escribe una ecuación para resolver el problema.

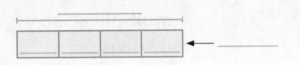

6. Razonamiento de orden superior Hay 36 estudiantes que van a su casa en el autobús escolar. La misma cantidad de estudiantes se baja en cada parada. Harriet sabe cuántos estudiantes se bajaron en una parada. ¿Cómo puede hallar cuántas paradas hizo el autobús?

7. El Sr. Ameda tiene 4 hijos. Le da 2 galletas a cada uno. Gasta $40 en las galletas. ¿Cuánto cuesta cada galleta?

8. Yazmín tiene 3 monedas de 25¢, 1 moneda de 10¢ y 2 monedas de 1¢. ¿Cuánto dinero tiene?

9. Evaluar el razonamiento Neville y Anthony están resolviendo este problema: Bárbara compró 3 cajas de lápices con 6 lápices en cada caja. ¿Cuántos lápices compró en total?

Neville dice: "Yo sumo, por las palabras del problema *en total*. La respuesta es 9 lápices". Anthony dice: "Yo multiplico, porque hay grupos iguales. La respuesta es 18 lápices". ¿Quién tiene razón? Explícalo.

Puedes dibujar un diagrama de barras para representar el problema.

✓ **Práctica para la evaluación**

10. Garrett usa 5 manzanas para hornear un pastel de manzanas. El domingo hornea 2 pasteles. ¿Cuántas manzanas necesita Garrett el domingo?

Escoge los números y una operación para completar la ecuación que podría usarse para resolver el problema. Luego, resuelve la ecuación.

2	3	5	8	+
9	10	25	52	×

? = ☐ ☐ ☐

? = ☐ manzanas

11. Ella tiene 27 manzanas. Si Ella usa 3 manzanas para hacer un pastel, ¿cuántos pasteles puede hacer Ella?

Escoge los números y una operación para completar la ecuación que podría usarse para resolver el problema. Luego, resuelve la ecuación.

3	6	9	10	÷
20	27	33	72	×

? = ☐ ☐ ☐

? = ☐ pasteles

Práctica   Herramientas

¡Revisemos!

Escribe un cuento para 4×9.

Josephine invitó a 4 amigos a merendar. Le dio 9 cerezas a cada amigo. ¿Cuántas cerezas les dio Josephine en total?

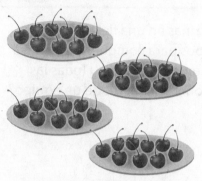

Escribe un cuento para $12 \div 4$.

Cami tiene 12 crayones y algunas latas. Puso 4 crayones en cada lata. ¿Cuántas latas usó Cami?

Puedes escribir cuentos de multiplicación o división para describir hechos.

Para **1** y **2**, escribe un cuento sobre multiplicación para cada ecuación. Luego, halla el producto. Puedes hacer un dibujo como ayuda.

1. $4 \times 3 =$ _____

2. $5 \times 2 =$ _____

Para **3** y **4**, escribe un cuento sobre división para cada ecuación. Usa fichas o haz un dibujo para resolver los problemas.

3. $48 \div 6 =$ _____

4. $56 \div$ _____ $= 8$

5. Razonar Escribe un cuento sobre multiplicación acerca de estas pelotas de tenis. Escribe una ecuación para tu cuento.

Piensa en cuántos objetos tendrás en cada grupo igual de tu cuento.

---

6. Dibuja un diagrama de barras que muestre 6 × 7. ¿Cuántas secciones tiene tu diagrama de barras? Explícalo. Luego, halla el producto.

7. Hay 16 personas en una fiesta. Quieren armar equipos para competir y que haya 3 personas en cada equipo. ¿Todas las personas podrán ser parte de un equipo? Explícalo.

---

8. Razonamiento de orden superior Completa las oraciones con números que tengan sentido. No uses el número 1. Luego, escribe la ecuación de división que coincide con el cuento y haz un dibujo para resolver el problema.

"Hay 35 conejos en una feria. Los conejos están en ____ conejeras y hay ____ conejos en cada conejera".

Feria

¡35 Conejos en exhibición!

☑ **Práctica para la evaluación**

9. Judy escribe el siguiente cuento para 24 ÷ 4 = ?. Hay 24 perros en una guardería para perros. Los perros salen a pasear en grupos de 4. ¿Cuántos grupos hay en total? Escoge la respuesta correcta para el cuento de Judy.

Ⓐ 4

Ⓑ 6

Ⓒ 12

Ⓓ 24

4 perros en cada grupo

Práctica   Herramientas

¡Revisemos!

¿Cómo puedes saber, sin hacer cálculos, cuál de los símbolos
>, <, o = debe aparecer en el siguiente círculo?

$4 \times 6 \times 2 \bigcirc 6 \times 2 \times 4$

Di cómo puedes usar la estructura de las matemáticas para completar esta tarea.

- Puedo pensar en las propiedades que conozco.

- Puedo buscar y usar patrones cuando sea necesario.

Mira las expresiones. Explica cómo puedes usar los factores que ves para compararlos sin calcular.

Los mismos 3 factores están en cada lado del círculo. Sé que si se agrupan los mismos factores de otra manera, el producto será el mismo. Por tanto, las expresiones son iguales.

$4 \times (6 \times 2) \;\boxed{=}\; (6 \times 2) \times 4$

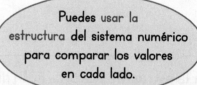

Puedes usar la estructura del sistema numérico para comparar los valores en cada lado.

Usar la estructura

María escribió la expresión en el lado izquierdo del siguiente círculo. Raúl escribió la expresión en el lado derecho del círculo. Sin calcular, halla cuál de los símbolos >, <, o = debe colocarse en el círculo.

María   Raúl

$4 \times 8 \times 3 \bigcirc 2 \times 3 \times 8$

1. Di cómo puedes usar la estructura de las matemáticas para completar esta tarea.

2. Mira las expresiones. Explica cómo puedes usar los factores que ves para compararlos sin calcular.

3. ¿Qué expresión tiene mayor valor: la de María o la de Raúl? Escribe el símbolo correcto >, <, or = en el círculo anterior.

Liga de béisbol

La Srta. Bush dirige una liga de béisbol. Ella compra la cubeta que se muestra para repartir las pelotas de béisbol entre los equipos y quiere usar todas las pelotas. La liga tendrá 6 o 9 equipos. Hay 14 jugadores en cada equipo. La Srta. Bush tiene que decidir si va a cobrar $3 o $4 por cada pelota de béisbol.

36 pelotas de béisbol en una cubeta

4. **Entender y perseverar** ¿Qué información conoces de este problema?

5. **Usar la estructura** La Srta. Bush dice que cada equipo recibirá más pelotas de béisbol si hay 6 equipos en la liga. El Sr. Rosin dice que cada equipo recibirá más pelotas de béisbol si hay 9 equipos en la liga. ¿Quién tiene razón?

Compara escribiendo el símbolo >, <, o = . Di cómo lo decides sin calcular.

$36 \div 6 \bigcirc 36 \div 9$

6. **Usar la estructura** Supón que la Srta. Bush cobra $4 por cada pelota de béisbol. ¿Pagaría más cada equipo si hay 6 equipos o 9 equipos?

Compara escribiendo el símbolo >, <, o = . Di cómo lo decides sin calcular.

$(36 \div 6) \times \$4 \bigcirc (36 \div 9) \times \$4$

Puedes usar la estructura para comparar la información de diferentes problemas.

7. **Construir argumentos** La Srta. Bush quiere organizar la liga de manera que cada equipo pague la menor cantidad. ¿Debe haber 6 o 9 equipos? ¿Debe costar $3 o $4 cada pelota? Explícalo.

Práctica   Herramientas

¡Revisemos!

Puedes hallar el área exacta del siguiente rectángulo si cuentas
la cantidad de unidades cuadradas que lo cubren.

Hay 8 unidades cuadradas que cubren el rectángulo.

Por tanto, el área del rectángulo es 8 unidades cuadradas.

Hay 2 unidades cuadradas que cubren el rectángulo.

Por tanto, el área del triángulo es 2 unidades cuadradas.

A veces necesitas estimar el área. Puedes combinar los cuadrados que
están parcialmente llenos para aproximarlos a cuadrados llenos.

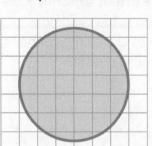

Hay aproximadamente 28 unidades cuadradas
que cubren el círculo.

Por tanto, el área del círculo es aproximadamente
28 unidades cuadradas.

El área es la cantidad de
unidades cuadradas que se usan para
cubrir una región, sin espacios o
sobreposiciones.

Para **1** a **6**, cuenta para hallar el área de las figuras.
Indica si el área es una estimación.

1.

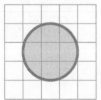

2.

3.

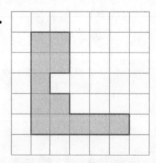

4.

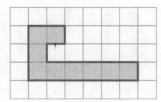

5.

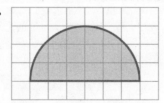

6.

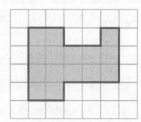

7. ¿Cuál es el área de la sección de fútbol en el campo de atletismo?

Usa el diagrama como ayuda para hacer un plan.

Campo de atletismo

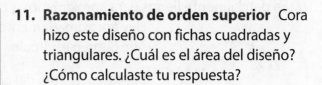

Fútbol	Béisbol
Tenis	Vacío

8. ¿Cuánto mide el área del campo que **NO** se usa?

9. ¿Cuántas unidades cuadradas del campo se usan?

10. **Razonar** Una librería tiene una oferta. Cuando los clientes compran 2 libros, reciben otro libro gratis. Si Pat compra una caja de 16 libros, ¿cuántos libros recibirá gratis? ¿Cuántos libros tendrá en total? Escribe ecuaciones de división y de suma para mostrar cómo se relacionan las cantidades.

11. **Razonamiento de orden superior** Cora hizo este diseño con fichas cuadradas y triangulares. ¿Cuál es el área del diseño? ¿Cómo calculaste tu respuesta?

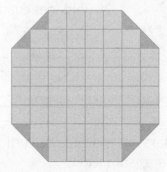

Compre 2, ¡y llévese 1 gratis!

☑ **Práctica para la evaluación**

12. Tyler dibujó esta figura en papel cuadriculado. ¿Cuál es el área de la figura?

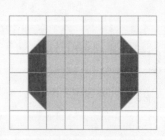

Ⓐ 21 unidades cuadradas

Ⓑ 22 unidades cuadradas

Ⓒ 23 unidades cuadradas

Ⓓ 24 unidades cuadradas

Nombre _____

¡Revisemos!

Una unidad cuadrada es un cuadrado con lados que miden 1 unidad de longitud.

Las unidades cuadradas pueden ser de tamaños diferentes. El tamaño de la unidad cuadrada que usas determina el área de la figura.

> Puedes medir el área contando las unidades cuadradas que cubren una figura.

☐ = 1 unidad cuadrada

Hay 12 unidades cuadradas.

El área de esta figura es 12 unidades cuadradas.

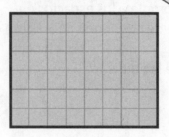

☐ = 1 unidad cuadrada

Hay 48 unidades cuadradas.

El área de esta figura es 48 unidades cuadradas.

Para **1** y **2**, dibuja unidades cuadradas para cubrir las figuras y hallar el área. Usa las unidades cuadradas que se muestran.

1.

> Recuerda que debes fijarte en el tamaño de las unidades cuadradas que se usan en cada figura.

☐ = 1 unidad cuadrada   ☐ = 1 unidad cuadrada

2.

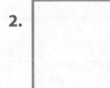

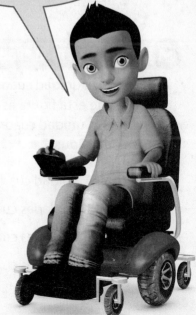

☐ = 1 unidad cuadrada   ☐ = 1 unidad cuadrada

3. **Hacerlo con precisión** Inés halla que el área de esta figura es 9 unidades cuadradas. Dibuja unidades cuadradas para cubrir esta figura.

4. **A-Z Vocabulario** Completa los espacios en blanco: Yasmeen puede cubrir una figura con 7 filas de 8 _____ para hallar el _____ de la figura.

5. **Sentido numérico** Paula está haciendo una bolsa de regalo para cada una de sus 5 amigas. Cada bolsa tendrá 6 marcadores. ¿Cuántos marcadores necesitará Paula? Cuenta de 6 en 6 para hallar la respuesta. Luego, escribe una ecuación de multiplicación para representar el problema.

6. **Razonamiento de orden superior** Helen hizo el rectángulo de la derecha con fichas. Cada ficha es 1 unidad cuadrada. Helen dice que las fichas blancas cubren más área que las fichas negras. ¿Estás de acuerdo? Explícalo.

7. Rick usó la unidad cuadrada menor y halló que el área de esta figura es 16 unidades cuadradas. Si usara la unidad cuadrada mayor, ¿cuál sería el área de la figura?

   Ⓐ   1 unidad cuadrada

   Ⓑ   2 unidades cuadradas

   Ⓒ   3 unidades cuadradas

   Ⓓ   4 unidades cuadradas

□ = 1 unidad cuadrada

☐ = 1 unidad cuadrada

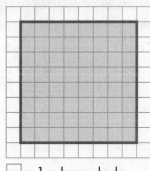
¡Revisemos!

Cuenta las unidades cuadradas que cubren esta figura.

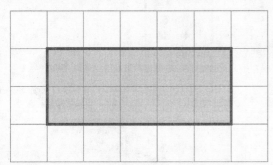

 = 1 cm cuadrado

- 10 unidades cuadradas cubren la figura.
- Cada unidad cuadrada es igual a 1 centímetro cuadrado.

El área de la figura es 10 centímetros cuadrados.

Puedes usar unidades estándar de longitud como ayuda para medir el área.

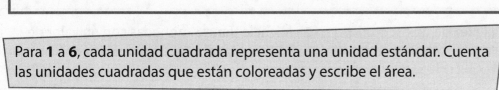

Para **1** a **6**, cada unidad cuadrada representa una unidad estándar. Cuenta las unidades cuadradas que están coloreadas y escribe el área.

1.

☐ = 1 cm cuadrado

2.

☐ = 1 pie cuadrado

3.

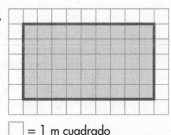

☐ = 1 m cuadrado

4.

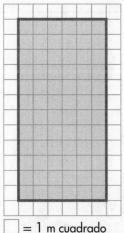

☐ = 1 m cuadrado

5.

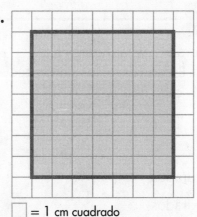

☐ = 1 cm cuadrado

6.

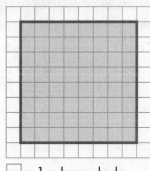

☐ = 1 pulg. cuadrada

7. **Hacerlo con precisión** ¿Cuál es el área de la foto de Tom? Explica cómo sabes qué unidades debes usar.

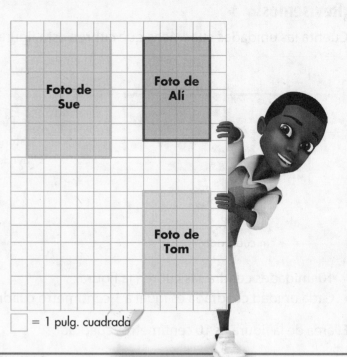

8. ¿Cuál es el área en pulgadas cuadradas de todas las fotos? Explícalo.

☐ = 1 pulg. cuadrada

---

9. ¿Es más probable que el área de un escritorio sea 8 pies cuadrados u 8 pulgadas cuadradas? Explícalo.

10. Michele tiene 5 monedas con un valor de $0.75 en total. ¿Qué monedas tiene?

---

11. **Razonamiento de orden superior** Sam hizo la figura de la derecha con fichas de colores. ¿Cuál es área de la figura? Explica cómo hallaste la respuesta.

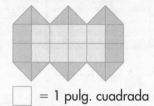

☐ = 1 pulg. cuadrada

☑ **Práctica para la evaluación**

12. Cada una de las unidades cuadradas de las figuras A a C representan 1 metro cuadrado. Escoge entre los siguientes números para indicar el área de cada figura.

> 1   2   4   6   7   8

Figura A ☐☐ metros cuadrados

Figura B ☐☐ metros cuadrados

Figura C ☐☐ metros cuadrados

Nombre _____

 Práctica   Herramientas

¡Revisemos!

¿Cuál es el área del rectángulo A? ¿Cuál es la longitud del rectángulo B?

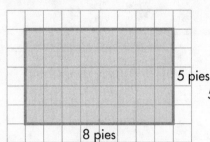

Rectángulo A   **Rectángulo B**

? pies

20 pies cuadrados

5 pies

5 pies

8 pies

Puedes contar los cuadrados o multiplicar para hallar el área. Puedes usar la división y el área para hallar la longitud que falta de un lado.

A. Puedes contar la cantidad de unidades cuadradas en el rectángulo A para hallar el área. Hay 40 unidades cuadradas. Cada unidad cuadrada mide 1 pie cuadrado. También puedes contar la cantidad de filas y multiplicarlas por la cantidad de cuadrados en cada fila.

$5 \times 8 = 40$ pies cuadrados

B. El área del rectángulo B es 20 pies cuadrados y el ancho es 5 pies.

$20 = 5 \times ?$

Puedes dividir para hallar la longitud del rectángulo B.

$20 \div 5 = 4$ pies

Para **1** a **3**, halla el área.

1.
2 m
9 m

2.
6 pulgs.
4 pulgs.

3.
3 cm
8 cm

Para **4** a **6**, halla la longitud que falta de un lado. Usa papel cuadriculado como ayuda.

4.
9 pies
? pies | 54 pies cuadrados

5.
8 cm
? cm | 64 cm cuadrados

6.
? m
6 m | 42 m cuadrados

7. Sentido numérico La familia de Rachel se fue de viaje en carro. El primer día recorrieron 68 millas. El segundo día recorrieron 10 millas menos. El tercer día viajaron 85 millas. ¿Cuántas millas recorrieron en total?

8. Evaluar el razonamiento Diane dice que el área de esta figura es 32 pulgadas cuadradas porque $4 \times 8 = 32$. ¿Estás de acuerdo? Explícalo.

8 pulgs.

4 pulgs.

9. Razonamiento de orden superior Rubén dibujó este diagrama de su jardín. ¿Cómo puedes dividir la figura para hallar el área? ¿Cuál es el área del jardín?

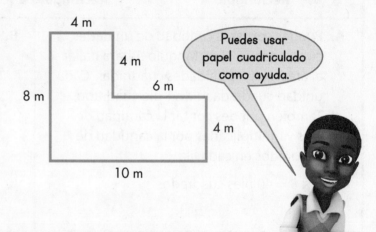

4 m

4 m

6 m

8 m

4 m

10 m

Puedes usar papel cuadriculado como ayuda.

✓ Práctica para la evaluación

10. Jerry hace estantes. Se muestran dos de sus estantes. Selecciona todos los enunciados que sean verdaderos sobre los estantes de Jerry.

☐ Puedes hallar el área del estante A contando las unidades cuadradas.

☐ Puedes hallar el área del estante B multiplicando la longitud de los lados.

☐ El área del estante A y la del estante B son iguales.

☐ El área del estante A es 30 pies cuadrados.

☐ El área del estante B es 30 pies cuadrados.

Estante A

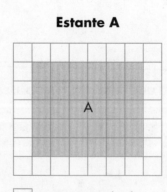

A

☐ = 1 pie cuadrado

Estante B

6 pies

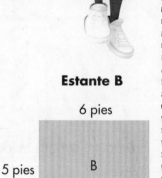

5 pies   B

Nombre _____

¡Revisemos!

Puedes usar la propiedad distributiva para descomponer un área en rectángulos más pequeños y hallar factores más familiares para multiplicar.

> Puedes dividir un rectángulo en dos rectángulos más pequeños y el área total será igual.

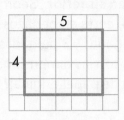

Puedes escribir la operación de multiplicación que representa el área del rectángulo grande.

$$4 \times 5 = 20$$

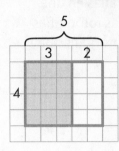

Puedes escribir las operaciones de multiplicación que representan el área de los rectángulos más pequeños.

$$4 \times 5 = 4 \times (3 + 2)$$
$$4 \times 5 = (4 \times 3) + (4 \times 2)$$
$$4 \times 5 = 12 + 8 = 20$$

Para **1** a **4**, completa las ecuaciones que representan el dibujo.

1.

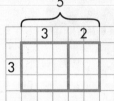

$3 \times \square = \square \times (3 + \square)$

$3 \times \square = (3 \times \square) + (\square \times 2)$

$3 \times \square = \square + \square = 15$

> El área de los rectángulos grandes es igual a la suma del área de los rectángulos más pequeños.

2.

$\square \times 7 = \square \times (\square + 4)$

$\square \times 7 = (\square \times 3) + (4 \times \square)$

$\square \times 7 = \square + \square = 28$

3.

$3 \times \square = \square \times (2 + \square)$

$3 \times \square = (3 \times \square) + (\square \times 4)$

$3 \times \square = \square + \square = 18$

4.

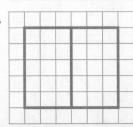

$\square \times 6 = \square \times (\square + 3)$

$\square \times 6 = (\square \times 3) + (5 \times \square)$

$\square \times 6 = \square + \square = 30$

5. Rita dividió el rectángulo de la derecha en dos partes más pequeñas. Muestra otra manera de dividir el rectángulo en dos partes más pequeñas. Escribe la ecuación que puedes usar para hallar el área de los dos rectángulos más pequeños.

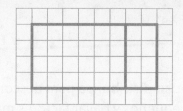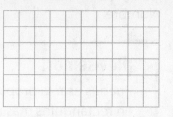

6. Luis quiere colocar 48 fotografías en una pared de la escuela. Coloca las fotografías en 8 filas iguales. ¿Cuántas fotografías hay en cada fila?

7. Razonamiento de orden superior George tiene 1 hoja de papel. La corta en pedazos de 6 pulgadas por 5 pulgadas y 3 pulgadas por 6 pulgadas. ¿Cuáles son las dimensiones y el área total de la hoja de papel original? Explícalo.

8. Usar la estructura Darren tiene un pedazo de madera que mide 7 pulgadas por 8 pulgadas. Explica cómo puede dividir este rectángulo grande en dos rectángulos más pequeños.

Descompón un problema en problemas más pequeños.

 Práctica para la evaluación

9. ¿Qué ecuación representa el área total de las figuras?

Ⓐ $3 \times 10 = 3 \times (3 + 6) = (3 \times 3) + (3 \times 6)$

Ⓑ $3 \times 9 = 3 \times (4 + 5) = (3 \times 4) + (3 \times 5)$

Ⓒ $3 \times 9 = 3 \times (3 + 6) = (3 \times 3) + (3 \times 6)$

Ⓓ $3 \times 9 = 3 \times (2 + 7) = (3 \times 2) + (3 \times 7)$

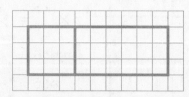

Práctica Herramientas

¡Revisemos!

¿Cómo puedes hallar el área de la figura irregular que se muestra en el siguiente recuadro?

Puedes contar las unidades cuadradas o dividir la figura en rectángulos.

Coloca la figura en papel cuadriculado. Luego, puedes contar las unidades cuadradas.

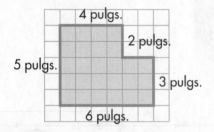

El área de la figura irregular es 26 pulgadas cuadradas.

Puedes dividir la figura en rectángulos. Halla el área de cada rectángulo y luego suma las áreas.

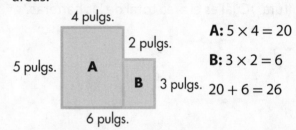

A: $5 \times 4 = 20$

B: $3 \times 2 = 6$

$20 + 6 = 26$

El área de la figura irregular es 26 pulgadas cuadradas.

Para **1** a **4**, halla el área de las figuras irregulares. Usa papel cuadriculado como ayuda.

1.

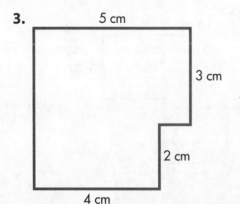

2 pulgs.
2 pulgs.
6 pulgs.
2 pulgs.
5 pulgs.

2.

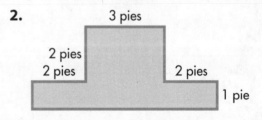

3 pies
2 pies
2 pies
2 pies
1 pie

3.

5 cm
3 cm
2 cm
4 cm

4.

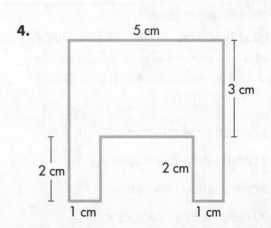

5 cm
3 cm
2 cm
2 cm
1 cm
1 cm

5. Razonar Tony hizo este diagrama de su huerto. ¿Cuál es el área total? Explica tu razonamiento.

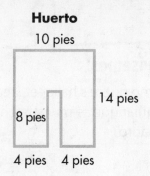

Huerto

10 pies

14 pies

8 pies

4 pies   4 pies

---

6. enVision® STEM El Sr. Thomson quiere instalar una barrera de defensa contra inundaciones para proteger su garaje. Conecta 2 barreras una junto a la otra. Cada barrera mide 9 pies de longitud por 2 pies de altura. ¿Cuál es el área total de las barreras?

7. Sentido numérico Hadori hizo este modelo doblando una hoja de papel. ¿Cuál es el nombre del modelo que hizo? ¿Cuántas caras, aristas y vértices tiene?

---

8. Razonamiento de orden superior Julián hizo esta figura con tres pedazos cuadrados de tela. ¿Cuál es el área total de la figura que hizo Julián? Explica cómo hallaste la respuesta.

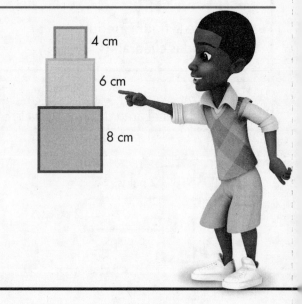

4 cm

6 cm

8 cm

✓ Práctica para la evaluación

9. Daniel dibujó la figura de la derecha. Traza líneas para mostrar cómo puedes dividir la figura para hallar el área. Luego, selecciona el área correcta para la figura de la derecha.

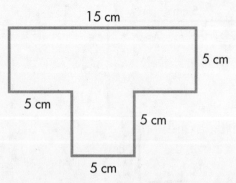

15 cm

5 cm

5 cm

5 cm

5 cm

Ⓐ   25 centímetros cuadrados

Ⓑ   50 centímetros cuadrados

Ⓒ   75 centímetros cuadrados

Ⓓ   100 centímetros cuadrados

Nombre _____

¡Revisemos!

¿Cómo puedes hallar el área de la parte sombreada de la figura de la derecha?

8 cm

5 cm

2 cm

3 cm

Indica cómo puedes usar la estructura para resolver el problema.

- Puedo descomponer el problema en partes más sencillas.

- Puedo hallar expresiones equivalentes.

Usa la estructura para pensar en una figura compleja como figuras más sencillas.

Resuelve el problema.

El área sombreada es igual al área total menos el área no sombreada.

Halla el área del rectángulo grande. $5 \times 8 = 40$ cm cuadrados

Halla el área del rectángulo pequeño. $2 \times 3 = 6$ cm cuadrados

Resta para hallar el área de la parte sombreada. $40 - 6 = 34$ cm cuadrados

El área de la parte sombreada es 34 centímetros cuadrados.

Usar la estructura

Una tableta digital tiene un borde de plástico alrededor de la pantalla que mide 1 pulgada de ancho. ¿Cuál es el área del borde de plástico?

10 pulgadas

7 pulgadas

1. Indica cómo puedes usar la estructura para resolver el problema.

2. Halla dos maneras diferentes para expresar el área de la pantalla.

3. Usa estas expresiones equivalentes para resolver el problema.

Área de juegos

El Sr. Velásquez construyó un área de juegos. El área tiene una sección con tobogán y otra sección con columpios. Un sendero une las dos áreas. El tobogán mide 2 metros de altura. Las áreas y el sendero están asfaltados. El Sr. Velásquez quiere saber qué parte del área de juegos está cubierta de asfalto.

Sección	Longitud (metros)	Ancho (metros)	Área
Columpios	8	3	___
Tobogán	8	2	___
Sendero	5	1	___

4. **Razonar** Completa la tabla anterior para mostrar el área de cada sección. Usa la cuadrícula para dibujar un diagrama posible del área de juegos.

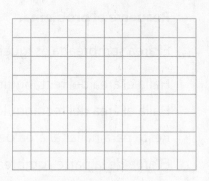

5. **Construir argumentos** Halla el área total con asfalto. Explica tu razonamiento usando propiedades de las matemáticas.

6. **Entender y perseverar** ¿Sumaste o restaste para resolver el problema? ¿Podrías haber usado la otra operación? Explícalo.

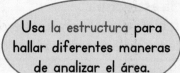

Usa la estructura para hallar diferentes maneras de analizar el área.

7. **Usar la estructura** Halla el área de la cuadrícula que no está asfaltada. Usa esta información para comprobar tu trabajo.

Nombre _____

Puedes usar una pictografía o una gráfica de barras para representar e interpretar datos.

Las pictografías usan dibujos o partes de dibujos para representar datos.

Medallas de oro de los Juegos Olímpicos de Invierno de Vancouver, 2010

Suecia	🥇 🥇 🥇 🥇 🥇
Francia	🥇 🥇
Suiza	🥇 🥇 🥇 🥇 🥇 🥇
Rusia	🥇 🥇 🥇

Cada 🥇 = 1 medalla de oro.

Las pictografías tienen claves para explicar la escala que usan y lo que representa cada dibujo.

Las gráficas de barras usan barras para representar datos.

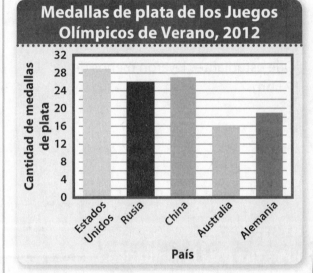

Medallas de plata de los Juegos Olímpicos de Verano, 2012

Las gráficas de barras tienen escalas que muestran las unidades usadas.

Cada línea en esta gráfica de barras representa 2 medallas.

Para **1** a **4**, usa la pictografía de la derecha.

1. ¿Cuántas casas se construyeron en la ciudad B y en la ciudad F?

2. ¿Cuántas casas más que en la ciudad E se construyeron en la ciudad D en 1 año?

3. ¿Qué representa la media casa en los datos de la ciudad A?

4. ¿Cuántas casas más que en la ciudad C se construyeron en la ciudad A?

Cantidad de casas construidas en 1 año

Ciudad A	🏠 🏠 🏠 🏠 🏘
Ciudad B	🏠 🏠 🏠 🏠
Ciudad C	🏠 🏠 🏠
Ciudad D	🏠 🏠 🏠 🏠 🏠 🏠 🏠
Ciudad E	🏠 🏠 🏠 🏠 🏠
Ciudad F	🏠 🏠 🏠 🏠 🏠 🏠

Cada 🏠 = 10 casas. Cada 🏘 = 5 casas.

Para **5** a **8**, usa la pictografía de la derecha.

Compara la cantidad de libros que leyó Tamika con la cantidad de libros que leyeron Anders y Miguel. Usa el símbolo >, <, or =.

5. Razonar ¿Qué estudiantes leyeron al menos el doble de libros que Anders?

6. ¿Qué estudiantes leyeron menos de 12 libros?

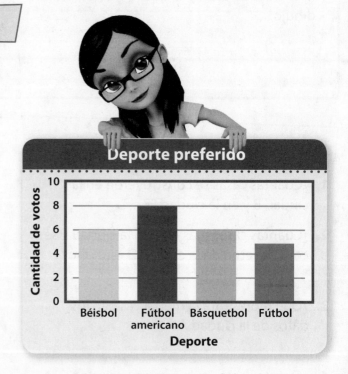

Libros leídos

Nancy	⧠⧠⧠⧠⧠⧠
Tamika	⧠⧠⧠⧠⧠⧠⧠
Jamal	⧠⧠⧠
Phil	⧠⧠⧠⧠
Anders	⧠⧠
Miguel	⧠⧠

Cada ⧠⧠ = 4 libros.   Cada ⧠ = 2 libros.

7. Razonamiento de orden superior
¿Cuántos libros más que Nancy y Anders leyeron Tamika y Jamal?

✓ Práctica para la evaluación

Para **9** y **10**, usa la gráfica de barras de la derecha.

8. ¿Cuántos votos menos que el béisbol recibió el fútbol?

Ⓐ 1 voto

Ⓑ 2 votos

Ⓒ 3 votos

Ⓓ 4 votos

9. ¿Cuántos votos más que el fútbol y el básquetbol recibieron el fútbol americano y el béisbol?

Ⓐ 1 voto

Ⓑ 2 votos

Ⓒ 3 votos

Ⓓ 4 votos

Deporte preferido

Nombre _____

¡Revisemos!

La tabla de frecuencias muestra diferentes pedidos para el almuerzo. Sigue los siguientes pasos para aprender a hacer una pictografía.

> Puedes mostrar los datos de una tabla en una pictografía.

DATOS

Pedidos

Comida	Conteo	Cantidad
Pasta	Ж╫ /	6
Ensalada	////	4
Guiso	Ж╫ Ж╫	10
Pescado	Ж╫ ////	9

Pedidos

Pasta	🍴🍴🍴
Ensalada	🍴🍴
Guiso	🍴🍴🍴🍴🍴
Pescado	🍴🍴🍴🍴🍴

Cada 🍴 = 2 comidas.
Cada 🥄 = 1 comida.

Paso 1	**Paso 2**	**Paso 3**
Escribe un título que explique lo que muestra la pictografía.	Escoge un símbolo y una escala.	Dibuja en la gráfica la cantidad de símbolos que se necesitan para cada pedido.

1. Completa la tabla de frecuencias para mostrar cómo votó la clase de la Srta. Hashimoto para escoger el tipo de película preferido.

DATOS

Tipo de película preferido

Tipo	Conteo	Cantidad
Acción	Ж╫ ///	
Comedia	///	
Drama	Ж╫ /	
Dibujos animados	Ж╫ Ж╫	

¿Cuántos votos de diferencia hay entre el tipo de película más popular y el menos popular?

2. Usa la tabla del Ejercicio 1 para completar la pictografía.

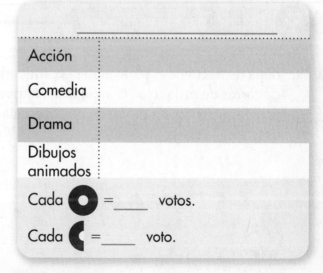

Acción	
Comedia	
Drama	
Dibujos animados	

Cada ⬤ = ____ votos.

Cada ◗ = ____ voto.

¿Cómo escogiste el número que representa cada símbolo?

3. enVision® STEM Marzo y abril tienen 61 días. La Sra. Durán anotó 18 días soleados en marzo y 12 días soleados en abril. ¿Cuántos días no fueron soleados?

4. **A-Z** **Vocabulario** Una _____ también se puede usar para representar y comparar el mismo conjunto de datos usando barras en vez de dibujos o símbolos.

Para **5** a **7**, usa la pictografía de la derecha.

5. Pamela hizo esta pictografía para mostrar las bebidas preferidas de 14 estudiantes. Dibujó 3 vasos para representar a 6 estudiantes que escogieron la leche chocolateada. ¿Es correcta la pictografía? Explícalo.

Bebidas preferidas

| Leche chocolateada | 🥛 🥛 🥛 |
| Jugo de naranja | 🥛 🥛 🥛 🥛 |

Cada 🥛 = 2 estudiantes.

6. **Razonamiento de orden superior** ¿Cómo cambiaría la pictografía de Pamela si 12 estudiantes escogieran jugo de uva como su bebida preferida?

7. **Entender y perseverar** ¿Cómo tendría que cambiar la escala si su pictografía mostrara las bebidas preferidas de 70 estudiantes?

☑ **Práctica para la evaluación**

8. Ana contó carros pintados de 4 colores. Hizo una tabla de frecuencias para anotar la cantidad total de carros de cada color. Completa la pictografía para representar sus datos. Escribe la escala que usaste en la clave.

Color de carro

Rojo	
Verde	
Plateado	
Negro	

Color de carro

DATOS

Color	Conteo	Cantidad
Rojo	卌 卌 卌 /	16
Verde	卌 卌 卌 卌	20
Plateado	卌 卌 卌 卌 ////	24
Negro	卌 卌 ////	14

Nombre _____

Práctica   Herramientas

¡Revisemos!

La siguiente tabla muestra la cantidad de aves que llegaron a un comedero para aves.

DATOS

Visitas al comedero para aves

Día	Cantidad de aves
Lunes	12
Martes	8
Miércoles	14
Jueves	10
Viernes	5

Sigue los pasos para aprender a hacer la gráfica de barras de la derecha.

Paso 1

Escribe los días y coloca el rótulo "Día" en la base de la gráfica.

Paso 2

Escoge una escala. Numera la escala. Escribe en la escala el rótulo "Cantidad de aves".

Paso 3

Dibuja una barra para cada día. Asegúrate de que la longitud de las barras coincida con los números de la tabla y que el ancho de las barras sea igual.

Paso 4

Escribe un título para la gráfica.

Para **1** a **3**, usa la tabla de la derecha.

1. Completa la gráfica de barras para mostrar los datos. Recuerda agregar un título.

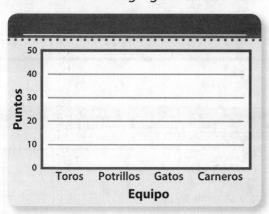

DATOS

Resultados del día deportivo

Equipo	Puntos
Toros	45
Potrillos	30
Gatos	25
Carneros	40

2. Explica cómo usas tu gráfica de barras para hallar el equipo que anotó más puntos.

3. Si los Carneros anotasen 5 puntos más, ¿con qué equipo empatarían?

4. Haz una gráfica de barras para mostrar los datos de la tabla.

Estados preferidos para visitar

Estado	Cantidad de votos
Nueva York	25
Florida	35
California	30
Hawái	20

5. Construir argumentos Explica cómo usar tu gráfica de barras para decidir cuál estado debería visitar la clase. ¿Qué estado es?

6. Álgebra La cantidad total de votos para dos estados se puede representar con la ecuación $35 + ? = 65$. ¿Qué estado hace que este enunciado sea verdadero?

7. enVision® STEM Daniela hizo un avión de papel y midió en pies la distancia que voló en 30 lanzamientos. La distancia más larga que midió fue 45 pies. La distancia más corta fue 28 pies. ¿Cuántos pies más que la distancia más corta es la distancia más larga?

8. Razonamiento de orden superior Kim hace una gráfica de barras para anotar los votos de la mascota preferida de su clase. Cada línea de la cuadrícula representa 4 votos. Los peces tuvieron 8 votos. La barra de los hámsteres está 3 líneas más arriba que la barra de los peces. ¿Cuántos votos tuvieron los hámsteres?

✓ **Práctica para la evaluación**

9. El Sr. Walker juntó datos sobre el promedio de nevadas mensuales del pueblo en donde vive. Usa los datos para completar la gráfica de barras.

Promedio de nevadas

Mes	Nevada (en pulgadas)
Noviembre	2
Diciembre	8
Enero	12

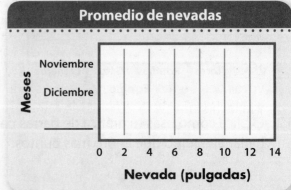

Promedio de nevadas

¡Revisemos!

Los estudiantes respondieron una encuesta para escoger su tipo de perro preferido. La pictografía muestra los resultados de la encuesta.

Práctica adicional 7-4
Resolver problemas verbales usando la información de gráficas

Perros preferidos de los estudiantes	
Perro	**Cantidad de votos**
Beagle	🐕🐕🐕
Collie	🐕🐕🐕🐕🐕
Pastor	🐕🐕🐕
Caniche	🐕
Dálmata	🐕🐕

Cada 🐕 = 2 votos. Cada 🐕 = 1 voto.

Puedes usar gráficas para comparar datos y sacar conclusiones.

Estas son algunas conclusiones que puedes sacar de la pictografía:

- El perro pastor fue escogido por exactamente 5 estudiantes.

- El beagle fue escogido por 2 estudiantes más que el dálmata.

- El collie fue escogido por 4 estudiantes más que el beagle.

Para **1** a **4**, usa la gráfica de barras de la derecha.

1. ¿Cuántos votos más que el agua obtuvo el ponche?

2. ¿Cuántos votos menos que el jugo y el agua juntos obtuvo la leche?

3. ¿Cuántos votos más que el ponche y el agua obtuvo el jugo?

4. ¿Cuál es la diferencia entre la cantidad de votos del jugo y la cantidad de votos del agua y la leche juntos?

Cuando leas los datos de cada gráfica, recuerda revisar la escala.

Para **5** y **6**, usa la pictografía de la derecha.

5. **Generalizar** ¿Qué tipo de zapatos se vendió menos en Solo zapatos? ¿Cómo lo sabes?

6. ¿Cuántos pares de botas más que de pantuflas se vendieron en Solo zapatos? ¿Cómo hallaste la respuesta?

Zapatos vendidos en Solo zapatos

Tenis	
Sandalias	
Pantuflas	
Botas	

Cada 👟 = 4 pares.   Cada 👟 = 2 pares.

Para **7** y **8**, usa la gráfica de barras de la derecha.

7. **Razonamiento de orden superior** Jared, Alicia, Lidia y Tito son primos. Jared es 8 años mayor que Alicia. Lidia es 4 años menor que Tito. Tito es 18 años menor que Jared. Alicia tiene 22 años. Completa la gráfica para mostrar sus edades.

8. ¿Cuántos años mayor que Lidia es Jared?

Edades de los primos

 Práctica para la evaluación

9. Los estudiantes de la escuela primaria King lavaron carros para recaudar fondos para un viaje escolar.

¿Cuántos carros más que los estudiantes de 5º grado lavaron los estudiantes de 4º grado y 6º grado juntos?

Ⓐ 5 carros

Ⓑ 4 carros

Ⓒ 3 carros

Ⓓ 2 carros

Carros lavados por grado

---

90   **Tema 7** | Lección 7-4

Nombre _____

¡Revisemos!

Valentín hizo una pictografía para anotar la música que quiere descargar. Tiene $35 para gastar en música. Quiere comprar por lo menos 1 de cada tipo. Quiere comprar más sencillos que álbumes. ¿Cuál es una manera en la que Valentín puede gastar $35 en música?

Di cómo puedes resolver este problema con precisión.

- Puedo usar la información dada correctamente.

- Puedo asegurarme de que mis cálculos son acertados.

Resuelve. Usa palabras y símbolos matemáticos para explicar tu razonamiento.

5 sencillos × $2 = $10   35 − 10 = Quedan $25

3 álbumes × $6 = $18   25 − 18 = Quedan $7

1 colección × $7 = $7   7 − 7 = Quedan $0

Valentín ha gastado exactamente $35. Ha comprado más sencillos que álbumes.

Cuando eres preciso, usas los símbolos y el lenguaje matemático correctamente.

Música para descargar

Sencillos ($2)	♩ ♩ ♩ ♩
Álbumes ($6)	♩ ♩ ♩
Colecciones ($7)	♩ ♩

Cada ♩ = 3 artículos.

Hacerlo con precisión

Carla hizo una pictografía para anotar las calificaciones de los estudiantes de tercer grado en un examen. El grupo de la Sra. Wilson obtuvo 40 puntos en total. Hay 11 estudiantes en el grupo de la Sra. Wilson. ¿Cuál es una manera en la que el grupo de la Sra. Wilson pudo obtener 40 puntos?

1. Di cómo puedes resolver este problema con precisión.

2. Resuelve. Usa palabras y símbolos matemáticos para explicar tu razonamiento.

Calificaciones de un examen

Puntos	Cantidad de estudiantes
2 puntos	😀 😀 😀 😀
4 puntos	😀 😀 😀
6 puntos	😀 😀 😀

Cada 😀 = 3 estudiantes.

¡Fiesta de pizza!

La Srta. Chávez está planeando una fiesta para su clase. Hay 28 estudiantes invitados a la fiesta. Ella quiere comprar por lo menos 1 pizza de cada tipo y tener suficiente para que cada estudiante reciba 2 porciones. La entrega tarda 20 minutos. La Srta. Chávez tiene $55 para gastar.

Telepizza a domicilio	
Tipo de pizza	**Cantidad de pizzas disponibles**
Queso ($6 cada una)	🍕🍕🍕
Pepperoni ($8 cada una)	🍕🍕🍕🍕
Suprema ($10 cada una)	🍕🍕

Cada 🍕 = 8 porciones.

3. **Razonar** ¿Cuántas porciones de la pizza de queso hay disponibles? ¿Cómo lo sabes?

4. **Entender y perseverar** ¿Cuántas porciones de pizza necesita la Srta. Chávez? Explícalo.

5. **Representar con modelos matemáticos** Muestra cómo hallar la cantidad de pizzas que la Srta. Chávez debe pedir.

Hazlo con precisión. Asegúrate de que tu respuesta sea clara y apropiada.

6. **Hacerlo con precisión** Muestra una manera en la que la Srta. Chávez puede ordenar pizzas suficientes. Usa palabras y símbolos matemáticos para explicar tu razonamiento.

7. **Entender y perseverar** ¿Qué información no necesitabas para resolver el problema?

Nombre _____

¡Revisemos!

Propiedad conmutativa (o de orden) de la suma

Puedes sumar números en cualquier orden y la suma será la misma.

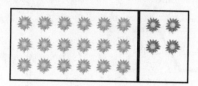

$$18 + 4 = 22$$

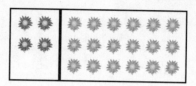

$$4 + 18 = 22$$

Propiedad asociativa (o de agrupación) de la suma

Puedes agrupar números de cualquier manera y la suma será la misma.

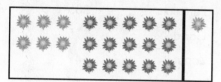

$$(6 + 15) + 1 = 22$$

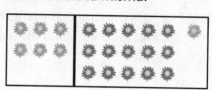

$$6 + (15 + 1) = 22$$

Propiedad de identidad (o del cero) de la suma

La suma de cero y cualquier otro número es ese mismo número.

$$0 + 14 = 14$$

Las propiedades de la suma hacen que sumar números sea más fácil.

Para **1** a **7**, escribe los números que faltan.

1.

$$(\underline{\quad} + 15) + \underline{\quad} = 29 \qquad \underline{\quad} + (\underline{\quad} + \underline{\quad}) = \underline{\quad}$$

2. $30 + 40 = 40 + \underline{\quad}$

3. $\underline{\quad} + 32 = 32$

4. $(48 + 27) + 3 = \underline{\quad} + (27 + 3)$

5. $29 + (22 + 27) = (29 + 22) + \underline{\quad}$

6. $89 + \underline{\quad} = 89$

7. $35 + 49 = \underline{\quad} + 35$

8. Jake dice que sumar 0 a un sumando no cambia la suma. ¿Tiene razón? Explícalo. Incluye una ecuación en tu explicación.

9. Traza líneas rectas dentro del siguiente hexágono para mostrar cómo puedes cortarlo y hacer nuevas figuras. ¿Qué figuras hiciste?

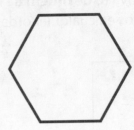

---

10. Usar la estructura Troy quiere comprar un pantalón, un par de zapatos y una gorra. Usa la propiedad asociativa de la suma para mostrar dos maneras en que puede sumar los precios para hallar el costo total. Luego, halla el costo total.

Venta de ropa	
Pantalón	$35
Gorra	$15
Zapatos	$49

DATOS

---

11. Razonamiento de orden superior ¿Son iguales estas dos ecuaciones:
$$65 - (45 - 20) = (65 - 45) - 20?$$
¿Cómo lo sabes?

12. Minnie tiene 16 carteles viejos y 25 carteles nuevos. Amanda tiene 25 carteles viejos y 16 carteles nuevos. ¿Quién tiene más carteles? Explícalo.

✅ **Práctica para la evaluación**

13. Usa el valor de posición para hallar el total de $16 + 14 + 17$.

- Ⓐ 44
- Ⓑ 45
- Ⓒ 46
- Ⓓ 47

14. Usa las propiedades de las operaciones para hallar el total de $31 + 20 + 19$.

- Ⓐ 80
- Ⓑ 70
- Ⓒ 60
- Ⓓ 50

Práctica   Herramientas

¡Revisemos!

La suma de los sumandos ubicados en las esquinas diagonales
del recuadro resaltado son iguales. Forman un patrón.

+	20	21	22	23	24
10	30	31	32	33	34
11	31	**32**	33	**34**	35
12	32	33	34	35	36
13	33	**34**	35	**36**	37
14	34	35	36	37	38

Puedes usar las
propiedades de las operaciones
para explicar los patrones en la
tabla de sumar.

Usa la propiedad asociativa.

$32 + 36 = 32 + (2 + 34)$
$\quad\quad\quad = (32 + 2) + 34$
$\quad\quad\quad = 34 + 34$

Por tanto, $32 + 36 = 34 + 34$.

Usa las propiedades asociativa y conmutativa.

$32 + 36 = (11 + 21) + (13 + 23)$
$34 + 34 = (11 + 23) + (13 + 21)$

$(11 + 21) + (13 + 23) = (11 + 21) + (13 + 23)$
$\quad\quad\quad\quad 68 = 68$

1. Describe el patrón que muestran las sumas
sombreadas. Explica por qué el patrón es
verdadero.

+	20	21	22	23	24	25	26	27
10	30	31	32	33	34	35	36	37
11	31	32	33	34	35	36	37	38
12	32	33	34	35	36	37	38	39
13	33	34	35	36	37	38	39	40
14	34	35	36	37	38	39	40	41
15	35	36	37	38	39	40	41	42
16	36	37	38	39	40	41	42	43
17	37	38	39	40	41	42	43	44

2. Describe el patrón que muestran las sumas
contorneadas. Explica por qué el patrón es
verdadero.

3. Encierra en un círculo las sumas de la
tabla para mostrar el patrón que observas.
Describe el patrón y explica por qué es
verdadero.

4. Buscar relaciones Ryan halló un patrón en la tabla de sumar. Sombreó dos rectas diagonales para mostrar su patrón. ¿Cuál es su patrón?

+	36	37	38	39	40	41	42
22	58	59	60	61	62	63	64
23	59	60	61	62	63	64	65
24	60	61	62	63	64	65	66
25	61	62	63	64	65	66	67
26	62	63	64	65	66	67	68
27	63	64	65	66	67	68	69
28	64	65	66	67	68	69	70

5. Ryan escribió las ecuaciones de la derecha para una de las diagonales. Escribe las ecuaciones para la otra diagonal.

$24 + 36 = 60$ ___ + ___ = ___

$25 + 37 = 62$ ___ + ___ = ___

6. Mira las ecuaciones de Ryan y tus ecuaciones. ¿Qué observas en ellas? Explica por qué.

$26 + 38 = 64$ ___ + ___ = ___

$27 + 39 = 66$ ___ + ___ = ___

$28 + 40 = 68$ ___ + ___ = ___

---

7. Razonamiento de orden superior Tomás hizo una tabla de sumar usando números de 2 dígitos. Escribe un patrón que hayas usado en otro problema. ¿Funciona ese patrón en la tabla de Tomás? Halla un ejemplo y explica por qué funciona o no funciona.

+	67	68	69	70	71	72
67	134	135	136	137	138	139
68	135	136	137	138	139	140
69	136	137	138	139	140	141
70	137	138	139	140	141	142
71	138	139	140	141	142	143
72	139	140	141	142	143	144

☑ **Práctica para la evaluación**

8. Observa las celdas sombreadas en la siguiente tabla de sumas.

+	10	11	12	13	14	15	16
10	20	21	22	23	24	25	26
11	21	22	23	24	25	26	27
12	22	23	24	25	26	27	28
13	23	24	25	26	27	28	29
14	24	25	26	27	28	29	30
15	25	26	27	28	29	30	31
16	26	27	28	29	30	31	32

¿Qué patrón y propiedad de las operaciones se muestran en la celdas sombreadas?

Ⓐ Cada suma tiene los mismos sumandos; Propiedad conmutativa de la suma

Ⓑ Cada suma tiene los mismos sumandos; Propiedad de identidad de la suma

Ⓒ Cada suma tiene los mismos sumandos; Propiedad asociativa de la suma

Ⓓ No hay ningún patrón o propiedad.

Nombre _____

¡Revisemos!

Puedes descomponer números para que sean más fáciles de sumar mentalmente.

Suma 531 + 245. Usa la estrategia de suma por partes. Descompón 245 según el valor de posición.

	centenas	**decenas**	**unidades**
245 =	200	+ 40	+ 5

Suma 200 a 531: 531 + 200 = 731.

Suma 40 a 731: 731 + 40 = 771.

Suma 5 a 771 + 5 = 776.

Por tanto, 531 + 245 = 776.

Suma 457 + 138. Usa la estrategia de formar una decena. Descompón 138 para formar una decena.

Descompón 138 en 100 + 35 + 3.

Suma 3 a 457 para formar una decena. 457 + 3 = 460

Suma 100 a 460. 460 + 100 = 560

Suma 35 a 560. 560 + 35 = 595

Por tanto, 457 + 138 = 595.

Para 1 y 2, halla cada suma.

1. 624 + 171 = _____

171 = 100 + 70 + _____

Suma 100 a 624: 624 + 100 = _____.

Suma 70 a 724: 724 + 70 = _____.

Suma 1 a 794: 794 + 1 = _____.

2. 628 + 237 = _____

Descompón 237 en 200 + 35 + _____.

628 + 2 = _____

630 + 200 = _____

830 + 35 = _____

Para 3 a 14, haz cálculos mentales para sumar.

3. 136 + 43

4. 29 + 636

5. 218 + 274

6. 325 + 437

7. 358 + 373

8. 691 + 264

9. 167 + 244

10. 482 + 488

11. 395 + 427

12. 138 + 248

13. 103 + 541

14. 675 + 237

15. En noviembre, Juanita ahorró $242. En diciembre ahorró $80 menos que en noviembre. ¿Cuánto ahorró en total? Usa una ecuación para representar el problema.

16. Todd quiere hallar $352 + 116$. Descompón 116 según el valor de posición y usa la recta numérica vacía y la estrategia de suma por partes para hallar el total.

17. Explica cómo puedes descomponer uno de los sumandos para formar una decena y hallar la cantidad de puntos que anotaron Jeannie y Kevin.

HOJA DE PUNTAJE

Nombre	Puntaje
Jeannie	245
Kevin	227

Puedes descomponer problemas en partes más sencillas.

18. Usar herramientas apropiadas ¿Qué herramienta podrías usar para mostrar cómo se descompone 286 en centenas, decenas y unidades? Explica cómo se usaría esta herramienta.

19. Razonamiento de orden superior Calcula mentalmente y usa la propiedad asociativa de la suma para $301 + 173 + 427$. Muestra cómo puedes usar la propiedad para agrupar dos de los sumandos.

✓ Práctica para la evaluación

20. Halla $173 + 123$. Descompón 123 según el valor de posición y luego usa la estrategia de suma por partes. Escoge los números necesarios para completar las ecuaciones.

| 0 | 1 | 2 | 3 | 4 | 5 | 6 | 7 | 8 | 9 |

$173 + \boxed{}\boxed{}\boxed{} = \boxed{}\boxed{}\boxed{}$

$273 + \boxed{}\boxed{} = 293$

$293 + \boxed{} = \boxed{}\boxed{}\boxed{}$

21. Halla $323 + 156$. Descompón 156 según el valor de posición y luego usa la estrategia de suma por partes. Escoge los números necesarios para completar las ecuaciones.

| 0 | 1 | 2 | 3 | 4 | 5 | 6 | 7 | 8 | 9 |

$323 + \boxed{}\boxed{}\boxed{} = \boxed{}\boxed{}\boxed{}$

$423 + \boxed{}\boxed{} = 473$

$473 + \boxed{} = \boxed{}\boxed{}\boxed{}$

Práctica   Herramientas

¡Revisemos!

Puedes usar estrategias como contar hacia adelante o hacia atrás o usar las propiedades de las operaciones para cambiar números y hacer que la resta sea más fácil.

Megan tiene 372 botones. Ella usó 14 botones para hacer un collage. ¿Cuántos botones tiene Megan ahora?

Cuenta hacia atrás.	Cuenta hacia adelante.	Usa propiedades.
Comienza en 372.	Comienza en 14.	Puedes sumarle 6 a 372 y a 14.
$372 - 300 = 72$	$14 + 300 = 314$	
$72 - 50 = 22$	$314 + 50 = 364$	$372 + 6 \rightarrow 378$
$22 - 8 = 14$	$364 + 8 = 372$	$\underline{-14 + 6 \rightarrow \quad 20}$
		358
$300 + 50 + 8 = 358$	$300 + 50 + 8 = 358$	Sumar la misma cantidad a cada número no cambia la diferencia.

Para **1** a **20**, halla las diferencias usando el cálculo mental.

1. $232 - 117$

$232 + 3 \rightarrow 235$
$\underline{-117 + 3 \rightarrow \rule{1.5cm}{0.4pt}}$

2. $940 - 109$

$940 + 1 \rightarrow \rule{1.5cm}{0.4pt}$
$\underline{-109 + 1 \rightarrow 110}$

3. $281 - 112$

$281 + 8 \rightarrow 289$
$\underline{-112 + 8 \rightarrow \rule{1.5cm}{0.4pt}}$

4. $309 - 195$

$309 + 5 \rightarrow \rule{1.5cm}{0.4pt}$
$\underline{-195 + 5 \rightarrow 200}$

5. $656 - 127$

6. $781 - 536$

7. $228 - 119$

8. $647 - 355$

9. $153 - 37$

10. $777 - 135$

11. $841 - 281$

12. $976 - 918$

13. $959 - 415$

14. $604 - 406$

15. $543 - 132$

16. $975 - 242$

17. $490 - 255$

18. $460 - 212$

19. $800 - 325$

20. $769 - 428$

21. enVision® STEM Julie anotó las alturas de tres árboles diferentes en la tabla. Calcula mentalmente para hallar cuánto más alta que la secuoya es la secuoya gigante.

Altura de árboles	
Árbol	**Altura (pies)**
Secuoya	173
Roble tanbark	75
Secuoya gigante	237

22. Generalizar Cassie tiene 20 pulseras. ¿Cuántas puede regalar a su hermana si quiere guardar 11 o más pulseras? ¿Qué se repite en las posibilidades?

23. Gillian empezó a hallar $888 - 291$. Esto fue lo que hizo.

$$888 - 291 = ?$$
$$888 - 300 = 588$$

¿Qué tiene que hacer Gillian a continuación?

24. Razonamiento de orden superior ¿Cuántos boletos para la rifa más que la clase de la maestra Robertson vendieron en total las clases de la maestra Hudson y el maestro Nealy?

Boletos vendidos para la rifa	
Clase	**Cantidad de boletos**
Maestra Hudson	352
Maestro Nealy	236
Maestra Robertson	429

✓ **Práctica para la evaluación**

25. Usa la relación entre la suma y la resta para hallar $255 - 132$. Escoge números del recuadro para completar la recta numérica vacía y las ecuaciones.

0 1 2 3 4 5

$+\boxed{}\boxed{}\boxed{}$ $+\boxed{}\boxed{}$ $+\boxed{}\boxed{}$ $+\boxed{}$

132   232   242   252 $\boxed{}\boxed{}\boxed{}$

$100 + \boxed{}\boxed{} + \boxed{}\boxed{} + \boxed{} = \boxed{}\boxed{}\boxed{}$

$255 - 132 = \boxed{}\boxed{}\boxed{}$

Nombre _____

Práctica adicional 8-5
Redondear números enteros

Puedes usar rectas numéricas y lo que sabes sobre el valor de posición como ayuda para redondear números.

Si un número está en la mitad, redondea al número mayor.

Redondea 483 a la decena más cercana.

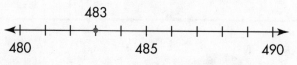

483 está más cerca de 480 que de 490; por tanto, 483 se redondea a 480.

Redondea 483 a la centena más cercana.

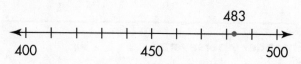

483 está más cerca de 500 que de 400; por tanto, 483 se redondea a 500.

1. Redondea 328 a la decena más cercana.

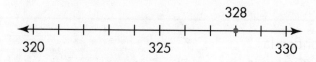

2. Redondea 630 a la centena más cercana.

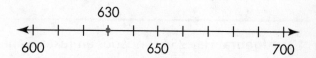

3. Redondea 649 a la centena más cercana.

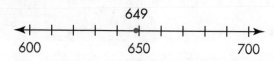

4. Redondea 155 a la decena más cercana.

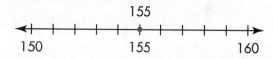

5. Redondea 262 a la decena más cercana.

6. Redondea 753 a la centena más cercana.

7. Redondea 429 a la decena y a la centena más cercanas.

8. Redondea 234 a la decena y a la centena más cercanas.

9. Usa la recta numérica para mostrar un número que, redondeado a la decena más cercana, se redondee a 170.

←————————————————→

10. Razonamiento de orden superior A la centena más cercana, este número de 3 dígitos se redondea a 900. El dígito en el lugar de las unidades es el quinto número impar empezando a contar desde 1. La suma de los dígitos es 22. ¿Cuál es el número?

11. Entender y perseverar
Tengo 1 superficie plana y 1 vértice. Puedes trazar mi superficie plana para formar un círculo. ¿Qué figura soy? Encierra en un círculo la figura correcta.

12. Álgebra Hay 254 condados en Texas. Zane redondeó la cantidad de condados a la decena más cercana. ¿Cuál es la diferencia entre la cantidad real de condados y la cantidad redondeada de Zane? Resuelve este problema usando una ecuación y una incógnita.

Práctica para la evaluación

13. Selecciona todos los números que serán iguales a 400 cuando se los redondee a la centena más cercana.

☐ 351
☐ 369
☐ 401
☐ 413
☐ 448

14. Selecciona todos los números que serán iguales a 40 cuando se los redondee a la decena más cercana.

☐ 39
☐ 42
☐ 45
☐ 50
☐ 51

Práctica   Herramientas

¡Revisemos!

Hay más de una manera de hacer una estimación.

Los estudiantes de la escuela Silver están juntando cupones de cajas de cereales.

136 cupones

178 cupones

¿Aproximadamente cuántos cupones han juntado los estudiantes?
Cuando debes hallar *aproximadamente* cuántos hay, haces una estimación.

Redondea los sumandos para hacer una estimación. Luego, suma los números que has redondeado.

Redondea a la decena más cercana.

$$
\begin{array}{r}
136 \rightarrow 140 \\
+\,178 \rightarrow 180 \\
\hline
320
\end{array}
$$

Los estudiantes han juntado aproximadamente 320 cupones.

Redondea a la centena más cercana.

$$
\begin{array}{r}
136 \rightarrow 100 \\
+\,178 \rightarrow 200 \\
\hline
300
\end{array}
$$

Los estudiantes han juntado aproximadamente 300 cupones.

Para **1** a **4**, redondea a la decena más cercana para hacer una estimación.

1. $144 \rightarrow$ _____
   $+\,298 \rightarrow$ _____

2. $271 \rightarrow$ _____
   $+\,487 \rightarrow$ _____

3. $225 \rightarrow$ _____
   $+\,294 \rightarrow$ _____

4. $359 \rightarrow$ _____
   $+\,107 \rightarrow$ _____

Para **5** a **8**, redondea a la centena más cercana para hacer una estimación.

5. $291 + 268$

6. $378 + 136$

7. $436 + 309$

8. $365 + 487$

9. Evaluar el razonamiento Sun-Yi estimó 270 + 146 y obtuvo 320. ¿Es razonable su estimación? Explícalo.

10. (A-Z) **Vocabulario** Miguel tiene 334 tarjetas de béisbol y 278 tarjetas de fútbol americano. Él dice: "Tengo 612 tarjetas en total". ¿Es razonable? Explícalo usando las palabras *redondear* y *estimación*.

11. Pedro y su amiga Karla plantaron 4 tipos de rosales para el Centro Comunitario Dundee. La gráfica de barras de la derecha muestra el color y la cantidad de rosales que plantaron de cada tipo. ¿Cuántos rosales rojos y rosados más que amarillos y blancos plantaron?

12. Razonamiento de orden superior El lunes, Cheryl viajó desde Austin a Fort Worth de ida y vuelta. El martes, viajó desde Austin a Jackson. Halla aproximadamente cuántas millas de distancia viajó Cheryl a las diez millas más cercanas y a las cien millas más cercanas.

DATOS

Distancias desde Austin, TX	
Ciudad	**Distancia en millas**
Memphis, TN	643
Fort Worth, TX	189
Jackson, MS	548

✓ **Práctica para la evaluación**

13. Redondea a la decena más cercana para estimar el resultado de las sumas.

	Estimación
355 + 198 es aproximadamente	
342 + 221 es aproximadamente	
131 + 422 es aproximadamente	

14. Redondea a la centena más cercana para estimar el resultado de las sumas.

	Estimación
573 + 65 es aproximadamente	
355 + 398 es aproximadamente	
184 + 475 es aproximadamente	

Nombre _____

¡Revisemos!

Puedes usar el redondeo para estimar las diferencias.

Los miembros del club de biología atraparon 288 mariposas y 136 saltamontes con sus redes. ¿Aproximadamente cuántas mariposas más que saltamontes atraparon?

Cuando quieres hallar *aproximadamente* cuántos hay, usas la estimación. Para hacer una estimación, puedes redondear.

Redondea a la centena más cercana.

$$
\begin{array}{r}
288 \rightarrow 300 \\
- 136 \rightarrow 100 \\
\hline
200
\end{array}
$$

Atraparon aproximadamente 200 mariposas más que saltamontes.

Redondea a la decena más cercana.

$$
\begin{array}{r}
288 \rightarrow 290 \\
- 136 \rightarrow 140 \\
\hline
150
\end{array}
$$

Atraparon aproximadamente 150 mariposas más que saltamontes.

Para **1** a **8**, redondea a la centena más cercana para estimar.

1.   584 → _____
     − 347 → _____

2.   274 → _____
     − 147 → _____

3.   615 → _____
     − 523 → _____

4.   831 → _____
     − 143 → _____

5. 422 − 142

6. 725 − 278

7. 682 − 224

8. 363 − 187

Para **9** a **16**, redondea a la decena más cercana para estimar.

9.   146 → _____
     − 118 → _____

10.   428 → _____
      − 332 → _____

11.   588 → _____
      − 491 → _____

12.   351 → _____
      − 106 → _____

13. 654 − 585

14. 355 − 186

15. 274 − 207

16. 522 − 330

17. Sentido numérico Darío dice: "Como 6 es mayor que 3, el número 65 es mayor que 344". ¿Estás de acuerdo? Explícalo.

18. El viernes, 537 personas fueron a ver una obra de teatro. El sábado, 812 personas fueron a ver la misma obra de teatro. ¿Aproximadamente cuántas personas más que el viernes vieron la obra de teatro el sábado? ¿Cómo hiciste la estimación?

19. Andrés tiene las monedas que se muestran a la derecha. Quiere comprar una revista de historietas que cuesta $1.00. ¿Cuánto dinero más necesita para tener $1.00?

20. Representar con modelos matemáticos Lori vive a 272 millas de sus abuelos, a 411 millas de su tía y a 39 millas de sus primos. ¿Aproximadamente cuánto más cerca de sus abuelos que de su tía vive Lori? Explica qué propiedades de las matemáticas usaste.

21. Razonamiento de orden superior Carl quiere estimar 653 − 644. Aquí se muestra su trabajo:

$$700 - 600 = 100$$

¿Cuál es la diferencia real? ¿La estimación de Carl es razonable? Si no lo es, ¿cómo podría haber hecho una estimación más cercana?

22. Tyrel anotó las elevaciones de tres ciudades. Estima de cuántos pies más que la elevación de Waco era la elevación de Dallas.

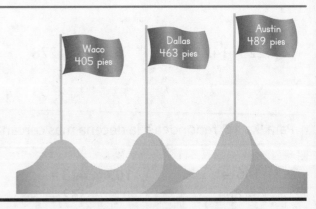

☑ **Práctica para la evaluación**

23. Redondea cada número a la decena más cercana y estima el resultado de 851 − 242.

- Ⓐ 620
- Ⓑ 610
- Ⓒ 600
- Ⓓ 590

24. Redondea cada número a la centena más cercana y estima el resultado de 904 − 312.

- Ⓐ 600
- Ⓑ 500
- Ⓒ 400
- Ⓓ 300

Práctica   Herramientas

¡Revisemos!

David vendió 180 libros en la mañana, 293 libros en la tarde y 104 libros en la noche. ¿Cuántos libros vendió en total?

Indica cómo puedes representar con modelos matemáticos

- Puedo usar lo que sé de matemáticas.

- Puedo usar un diagrama de barras y ecuaciones para representar y escoger las operaciones que necesito.

> Puedes representar con modelos matemáticos usando diagramas de barras para mostrar las relaciones entre las cantidades de un problema.

Representa y resuelve este problema.

Halla la pregunta escondida: ¿Cuántos libros vendió David durante la mañana y la noche?

? libros vendidos en la mañana y la noche	
180	104

$180 + 104 = ?$
Puedo descomponer usando el valor de posición.

$(100 + 80) + (100 + 4)$
$= (100 + 100) + 80 + 4$
$= 284$ libros

Usa la respuesta para resolver el problema. ¿Cuántos libros vendió David en total?

? libros vendidos en total	
284	293

$284 + 293 = ?$
Puedo formar una decena.

$293 + 7 = 300$

$284 - 7 = 277$

$300 + 277 = 577$ libros en total

Representar con modelos matemáticos
Vanessa gasta $273 y dona $119. Vanessa tenía $685. ¿Cuánto dinero le queda?

1. Explica cómo puedes representar este problema.

2. ¿Cuál es la pregunta escondida que necesitas responder antes de resolver el problema?

3. Resuelve el problema. Dibuja diagramas de barras para representar el problema y muestra las ecuaciones que usaste.

Colección de estampillas

Scott ha coleccionado estampillas por 4 años. La tabla
de la derecha muestra la cantidad de estampillas
de países extranjeros en la colección de estampillas
de Scott. Scott tiene 315 estampillas de los Estados
Unidos más que de Canadá. Cada estampilla de los
Estados Unidos vale 49 centavos. Scott quiere saber la
cantidad total de estampillas que tiene en su colección.

Estampillas de países extranjeros	
País	Estampillas
Canadá	55
México	221

4. **Razonar** ¿Cómo se relacionan las cantidades de este
problema?

5. **Representar con modelos matemáticos** ¿Cuál es la
pregunta escondida a la que necesitas responder antes
de resolver el problema? ¿Cómo puedes representar la
pregunta escondida?

6. **Representar con modelos matemáticos** Resuelve el
problema y muestra las ecuaciones que usaste.

> Los diagramas y las ecuaciones pueden ayudarte a representar con modelos matemáticos.

7. **Entender y perseverar** ¿Cuáles son dos maneras en que
Scott puede comprobar si su respuesta es correcta? Usa una
de esas maneras para comprobar tu respuesta.

Nombre _____

¡Revisemos!

Puedes usar bloques de valor de posición para representar los números.

Halla 234 + 451.

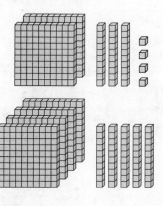

Descompón el problema en problemas más pequeños.

período de las unidades

centenas	decenas	unidades
2	3	4
4	5	1
6	8	5

Sumas →

Suma los totales.

$$234 + 451$$

Centenas → 600
Decenas → 80
Unidades → + 5
              685

Para **1** a **11**, estima las sumas. Usa bloques de valor de posición o dibujos y sumas parciales para sumar.

1.

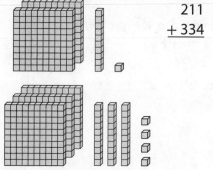

$$211 + 334$$

2.

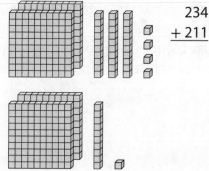

$$234 + 211$$

3. 516 + 142

4. 439 + 520

5. 721 + 176

6. 631 + 245

7. 580 + 315

8. 714 + 144

9. 128 + 441

10. 214 + 253

11. 661 + 127

12. Primero, haz una estimación. Luego, cuenta hacia adelante para resolver los ejercicios mentalmente. ¿Cuántos estudiantes más que en sexto grado hay en octavo grado en la Escuela intermedia Norte? ¿Es razonable tu respuesta? Explícalo.

Estudiantes de la Escuela intermedia Norte	
Grado	Estudiantes
6	352
7	379
8	421

13. Bernardo tiene que hallar el resultado de 318 + 230. ¿En qué tres problemas más pequeños puede descomponer Bernardo este problema de suma? ¿Cuál es el total?

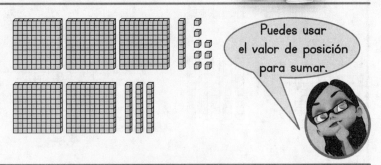

Puedes usar el valor de posición para sumar.

14. Razonamiento de orden superior
La familia Segovia fue de vacaciones. Recorrieron 256 millas el primer día y 287 millas el segundo día. Si recorrieron la misma cantidad de millas en total en su viaje de regreso, ¿cuántas millas recorrieron en todo el viaje? Usa bloques de valor de posición o dibujos y sumas parciales para sumar.

15. Evaluar el razonamiento ¿Es correcto el trabajo de Dani? Si no es así, indica por qué y escribe una respuesta correcta.

Halla 64 – 27.

Puedo sumar 3 a 27 y obtener 30.
64 – 30 = 34
34 – 3 = 31
Por tanto, 64 – 27 = 31.

Práctica para la evaluación

16. ¿Cuál de las siguientes opciones muestra la manera correcta de descomponer 415 + 583 usando el valor de posición para hallar la suma?

Ⓐ 400 + 800; 10 + 50; 5 + 3

Ⓑ 400 + 500; 10 + 83; 5 + 3

Ⓒ 400 + 580; 10 + 80; 5 + 3

Ⓓ 400 + 500; 10 + 80; 5 + 3

17. Descompón 627 + 361 usando el valor de posición. Halla el total.

Ⓐ 889

Ⓑ 898

Ⓒ 988

Ⓓ 998

¡Revisemos!

Halla 237 + 186.

Puedes usar bloques de valor de posición para representar cada número que sumas.

237

186

Suma las unidades, decenas y centenas para hallar las sumas parciales. Reagrupa para hallar el total.

Centenas	Decenas	Unidades
2	3	7
+ 1	8	6
3	11	~~13~~
3	~~12~~	3
4	2	3

Reagrupa las unidades.
Reagrupa las decenas.

Para **1** y **2**, usa los bloques de valor de posición como ayuda para sumar.

1.

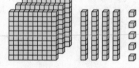

345

345
+ 276

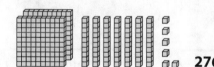

276

2.

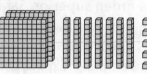

276

276
+ 237

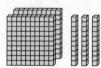

237

Para **3** a **6**, haz una estimación y luego halla las sumas.

3. 118
      + 146

4. 283
      + 147

5. 542
      + 109

6. 220
      + 479

Para **7** y **8**, usa la tabla de la derecha.

7. ¿Cuántos puntos obtuvieron Howie y Theo? Haz una estimación redondeando a la centena más cercana. Luego, resuelve el problema. Escribe una ecuación que represente el problema.

8. Entender y perseverar ¿Es razonable tu respuesta del Ejercicio **7**? Explícalo.

Puntos obtenidos

Jugador	Puntos
Howie	272
Theo	325
Isabel	288

DATOS

9. (A-Z) **Vocabulario** María y su familia recorrieron 885 millas en carro durante sus vacaciones de verano. El primer 8 en la izquierda de este número tiene un

_____ de 800.

10. Marc piensa que un hexágono tiene 5 lados y 5 ángulos. ¿Tiene razón? Explícalo.

11. Razonamiento de orden superior Sarah y Ángela coleccionan monedas de 1¢ y de 5¢ en sus alcancías. ¿Cuál de las niñas tiene más monedas en su alcancía? Explica cómo lo sabes usando números y símbolos.

Sarah
149 monedas de 1¢
127 monedas de 5¢

Ángela
173 monedas de 1¢
105 monedas de 5¢

✓ **Práctica para la evaluación**

12. ¿Cuánto es 252 + 163?

(A) 415

(B) 425

(C) 515

(D) 525

13. ¿Cuál es el valor de la incógnita en 256 + ☐ = 381?

(A) 115

(B) 125

(C) 135

(D) 155

Nombre _____

Práctica adicional 9-3
Sumar 3 números o más

¡Revisemos!

Halla 137 + 201 + 109.

?		
137	201	109

Para sumar tres números, usa sumas parciales o sumas en columnas.

> Puedes usar el valor de posición o las propiedades de las operaciones para sumar.

Usa sumas parciales.

```
  137
  201
+ 109
  400
   30
+  17
  447
```

Usa sumas en columnas.

Centenas	Decenas	Unidades
1	3	7
2	0	1
+ 1	0	9
4	3	~~17~~
4	4	7

Por tanto, 137 + 201 + 109 = 447.

Para **1** a **3**, haz una estimación y luego halla las sumas.

1. 35 + 63 + 76

2. 149 + 22 + 314

3. 255 + 128 + 312

Para **4** a **9**, halla las sumas.

4.
```
  127
   39
+  87
```

5.
```
  293
  312
+  78
```

6
```
   25
  238
   75
+ 180
```

7. 150 + 125 + 350

8. 382 + 164 + 267

9. 46 + 461 + 309

10. Generalizar Para restar mentalmente 178 − 135, Carmine sumó 5 a cada número y Karen sumó 2 a cada número. ¿Sirven los dos métodos para hallar la respuesta correcta? ¿Por qué?

11. Razonamiento de orden superior
El viernes, 215 personas fueron a la feria del vecindario. El sábado, fueron a la feria 163 personas más que las que fueron el viernes. El domingo, fueron 192 personas. ¿Cuántas personas fueron a la feria en total? ¿De qué dos maneras puedes hallar la respuesta?

12. La tabla muestra lo que Carlos comió en el desayuno. ¿Cuántas calorías consumió Carlos? Escribe una ecuación para resolver el problema.

DATOS	Alimento	Cantidad	Calorías
	Copos de salvado	1 onza	90
	Plátano	1	105
	Jugo de naranja	1 taza	110
	Leche	1 taza	150

Práctica para la evaluación

13. Usa el valor de posición, sumas parciales o las propiedades de las operaciones para hallar los totales.

Ecuación	Total
22 + 257 + 178 = ?	
122 + 241 + 378 = ?	
252 + 167 + 314 = ?	

14. Usa el valor de posición, la suma en columnas o las propiedades de las operaciones para hallar los totales.

Ecuación	Total
250 + 250 + 178 = ?	
131 + 32 + 68 = ?	
152 + 237 + 576 = ?	

Nombre _____

¡Revisemos!

La escuela Greenwood tiene 248 instrumentos musicales. Los estudiantes usan 156 instrumentos en un concierto. ¿Cuántos instrumentos no se usan en el concierto?

Lo que piensas

Tengo que hallar 248 − 156.
156 es igual a 100 + 50 + 6. Puedo restar cada sumando, comenzando con las centenas y terminando con las unidades.

No hay suficientes decenas, así que voy a descomponer 5 decenas en 4 decenas y 1 decena.

Lo que escribes

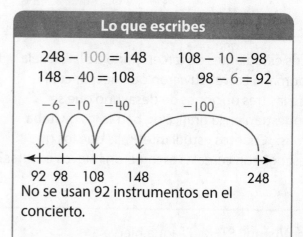

$248 - 100 = 148$ $\qquad$ $108 - 10 = 98$
$148 - 40 = 108$ $\qquad$ $98 - 6 = 92$

No se usan 92 instrumentos en el concierto.

Para **1** a **9**, haz una estimación y luego usa diferencias parciales para restar. Usa rectas numéricas vacías como ayuda.

1. 365 − 138

2. 217 − 118

3. 267 − 138

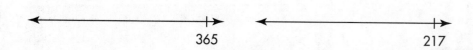

4. 568 − 293

5. 928 − 374

6. 584 − 365

7. 756 − 642

8. 848 − 276

9. 641 − 139

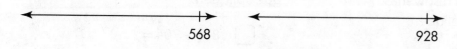

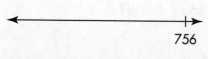

10. ¿Cuántos vértices tiene el siguiente cubo?

Un vértice es un punto donde se unen las aristas.

11. Evaluar el razonamiento Tamara necesita hallar 455 − 364. A continuación se muestra su trabajo. Explica cuál es el error y halla el resultado correcto.

$455 − 300 = 155$
$155 − 50 = 105$
$105 − 4 = 101$

12. Los estudiantes de tercer grado de la Escuela primaria Lowell tuvieron que decidir cuál de las tres opciones de desayuno que se muestran en la gráfica de barras les gustaba más. ¿Cuántos estudiantes más que los que escogieron cereales escogieron huevos o frutas?

13. enVision® STEM El agua hierve a 212 grados Fahrenheit y se congela a 32 grados Fahrenheit. ¿Qué diferencia de grados hay entre estas temperaturas? Explica cómo hallaste la respuesta.

14. Razonamiento de orden superior Tomás tenía 347 canicas. Intercambió 28 por algunas canicas que le interesaban más. Ahora tiene 336 canicas. ¿Cuántas canicas obtuvo Tomás con el intercambio? Explica cómo hallaste la respuesta.

✓ **Práctica para la evaluación**

15. ¿Cuáles de estas operaciones tienen una diferencia de 231? Usa el valor de posición y diferencias parciales para resolverlas. Selecciona todas las que apliquen.

☐ $428 − 197 = ?$

☐ $561 − 330 = ?$

☐ $489 − 268 = ?$

☐ $875 − 644 = ?$

☐ $496 − 275 = ?$

16. ¿Cuáles de estas operaciones tienen una diferencia de 173? Selecciona todas las que apliquen.

☐ $877 − 704 = ?$

☐ $422 − 259 = ?$

☐ $652 − 489 = ?$

☐ $700 − 527 = ?$

☐ $565 − 392 = ?$

Nombre _____

¡Revisemos!

Halla 726 − 238.
Haz una estimación redondeando a la
decena más cercana: 730 − 240 = 490.

Resta 8 unidades.

Primero, resta 6 unidades.
Reagrupa 1 decena como
10 unidades. Resta 2 unidades.

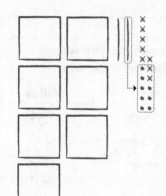

Resta 3 decenas.

Primero resta 1 decena.
Reagrupa 1 centena como 10
decenas. Resta 2 decenas.

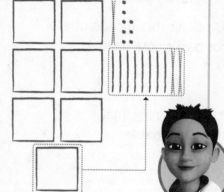

Resta 2 centenas.

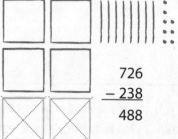

$$726$$
$$-\ 238$$
$$488$$

Esta respuesta
es razonable porque 488
está cerca de la
estimación, 490.

Para **1** a **12**, estima cada diferencia y luego
usa diferencias parciales para restar.

1.   914
        − 482

2.   883
        − 388

3.   375
        − 183

4.   736
        − 295

5.   478
        − 152

6.   246
        − 127

7.   816
        − 304

8.   919
        − 284

9. 318 − 123

10. 441 − 187

11. 334 − 275

12. 597 − 384

13. Razonar En un invernadero se cultivaban plantas de tomates. Se vendieron 276 plantas de tomates y 307 rosas. Quedan 187 plantas de tomates. ¿Cuántas plantas de tomates había en el invernadero inicialmente? Explica qué números y qué operación usaste para resolver el problema.

14. Texas tiene 254 condados, California tiene 58 condados y Florida tiene 67 condados. ¿Cuántos condados más que California y Florida juntos tiene Texas?

15. ¿Cuántas millas más cerca de Omaha está Chicago que Dallas? Usa la tabla y sigue estos pasos para hallar la respuesta.

a. Estima la respuesta.

b. Escribe en palabras la solución del problema.

c. Explica por qué tu respuesta es razonable.

DATOS

Todos los caminos llevan a Omaha	
Viaje	**Millas**
Dallas a Omaha	644
Chicago a Omaha	459
Tulsa a Omaha	387

16. Razonamiento de orden superior Jill viajará de Chicago a Omaha, y luego de Omaha a Tulsa. Bill viajará de Dallas a Omaha. ¿Cuánta distancia más que Bill viajará Jill? Explica cómo resolviste el problema.

> Puedes usar una operación inversa para comprobar tu solución de cada parte de un problema.

✓ **Práctica para la evaluación**

17. ¿Qué opción muestra la estimación de 549 − 210 redondeando a la decena más cercana y luego la diferencia correcta?

Ⓐ 330; 338

Ⓑ 330; 328

Ⓒ 340; 339

Ⓓ 340; 329

18. ¿Qué opción muestra la estimación de 967 − 502 redondeando a la decena más cercana y luego la diferencia correcta?

Ⓐ 460; 465

Ⓑ 460; 455

Ⓒ 470; 465

Ⓓ 470; 455

118 **Tema 9** | Lección 9-5

Nombre _____

¡Revisemos!

Halla 207 − 98.

Recuerda que puedas usar la suma para resolver porque la suma y la resta son operaciones inversas. También puedes hacer una estimación para ver si tu respuesta es razonable.

Una manera

Usa la estrategia de sumar por partes.

Halla 98 + ? = 207.

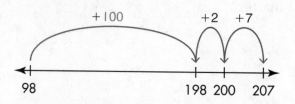

$100 + 2 + 7 = 109$

$207 − 98 = 109$

Otra manera

Usa diferencias parciales para restar.

Halla 207 − 98 = ?.

$$
\begin{array}{r}
207 \\
-\quad 7 \\
\hline
200 \\
-\ 90 \\
\hline
110 \\
-\quad 1 \\
\hline
109
\end{array}
$$

Resta 7.

Resta 90.

Resta 1.

Para **1** a **16**, halla las sumas o diferencias. Luego, usa la estimación para comprobar si tu respuesta es razonable.

1. $\begin{array}{r} 518 \\ -339 \end{array}$

2. $\begin{array}{r} 401 \\ -137 \end{array}$

3. $\begin{array}{r} 856 \\ +\ 92 \end{array}$

4. $\begin{array}{r} 300 \\ +523 \end{array}$

5. $\begin{array}{r} 946 \\ -441 \end{array}$

6. $\begin{array}{r} 530 \\ -157 \end{array}$

7. $\begin{array}{r} 600 \\ +\ 75 \end{array}$

8. $\begin{array}{r} 116 \\ +850 \end{array}$

9. $155 + 109$

10. $715 + 248$

11. $922 − 39$

12. $504 − 208$

13. $300 + 145$

14. $109 + 643$

15. $200 − 188$

16. $480 − 252$

17. Entender y perseverar La familia Gordon compró 4 sándwiches de jamón y 4 refrescos en un partido de béisbol. ¿Cuánto pagaron por la comida y los refrescos?

Sándwich de jamón	$4
Sándwich de atún	$5
Pretzel suave	$2
Refresco	$1

---

18. Algunos estudiantes de último año se inscribieron en clases de danza en el otoño. Luego, 117 estudiantes dejaron las clases. Ciento ochenta y nueve estudiantes continuaron con las clases. ¿Cuántos estudiantes de último año empezaron las clases en el otoño?

19. La Sra. Morris condujo 116 millas más el martes que el lunes. El lunes condujo 235 millas. ¿Cuántas millas condujo el martes?

---

20. Razonamiento de orden superior El Palacio de las Fiestas recibe un pedido de 505 sorpresas. Empaquetan 218 sorpresas el lunes y 180 sorpresas el martes. ¿Cuántas sorpresas más deben empaquetar? Muestra dos maneras diferentes de resolver el problema.

21. enVision® STEM Un científico estuvo observando un grupo de ñúes durante dos años. Un año había 200 animales en la manada. El año siguiente había 155 ñúes. ¿Cuántos animales más había el primer año?

☑ Práctica para la evaluación

22. Usa una estrategia de valor de posición para hallar el valor de la incógnita en $417 - ? = 312$.

Ⓐ 105

Ⓑ 115

Ⓒ 125

Ⓓ 225

23. Usa la relación entre la suma y la resta para hallar el valor de la incógnita en $? + 635 = 902$.

Ⓐ 257

Ⓑ 267

Ⓒ 337

Ⓓ 367

Práctica   Herramientas

¡Revisemos!

Durante las últimas dos semanas Max hizo ejercicio 446 minutos. Durante la primera semana hizo ejercicio 220 minutos. ¿Hizo más ejercicio durante la primera semana o durante la segunda semana? *Conjetura: Max hizo más ejercicio durante la segunda semana.*

Di cómo puedes justificar la conjetura.

- Puedo usar números, objetos, dibujos o acciones para explicarlo.

- Puedo asegurame de que mi argumento sea sencillo, completo y fácil de entender.

Al construir un argumento, usas el razonamiento para ofrecer una explicación lógica.

Construye un argumento para justificar la conjetura.

Puedo usar bloques de valor de posición para ver que si Max hubiera hecho la misma cantidad de ejercicio en la segunda semana, solo habría hecho ejercicio 440 minutos. Por tanto, Max tuvo que haber hecho ejercicio más minutos durante la segunda semana para obtener un total de 446 minutos.

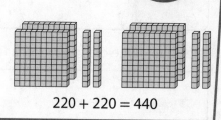

$$220 + 220 = 440$$

Construir argumentos

La Escuela Central tiene 758 estudiantes. La Escuela Central tiene 2 períodos de almuerzo. 371 estudiantes almuerzan en el primer período. ¿En qué período almuerzan más estudiantes? *Conjetura: Más estudiantes almuerzan en el segundo período de almuerzo.*

1. Di cómo puedes justificar la conjetura.

2. Construye un argumento para justificar la conjetura.

3. Explica otra manera de justificar la conjetura.

Vacaciones familiares

La familia Willis tiene 4 miembros. Durante sus vacaciones y en horas de la mañana y de la tarde, la familia viajó en carro a diferentes ciudades. A continuación se muestran las distancias que viajaron en carro. La Sra. Willis quiere saber qué día viajaron más.

DATOS	Sábado	Lunes	Miércoles	Viernes
Mañana	174 millas	112 millas	121 millas	172 millas
Tarde	106 millas	165 millas	168 millas	113 millas

4. Representar con modelos matemáticos Escribe ecuaciones para representar las distancias que viajó la familia durante los días dados.

5. Razonar ¿Qué día viajó más la familia?

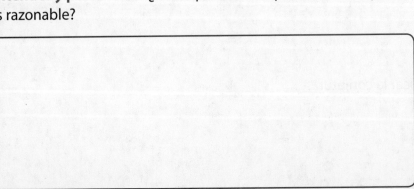

Puedes usar números, objetos, dibujos o acciones para construir argumentos.

6. Construir argumentos Construye un argumento matemático para explicar por qué tu respuesta al Ejercicio **5** es correcta.

7. Entender y perseverar ¿Cómo puedes comprobar si tu respuesta es razonable?

Nombre _____

Práctica adicional 10-1
Usar patrones para multiplicar

¡Revisemos!

La mamá de Hernán compró 4 boletos para ir al circo. Cada boleto costó $40. ¿Cuánto dinero gastó en boletos?

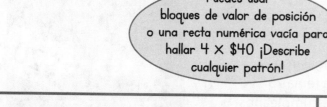

Puedes usar bloques de valor de posición o una recta numérica vacía para hallar 4 × $40 ¡Describe cualquier patrón!

Usa bloques de valor de posición.

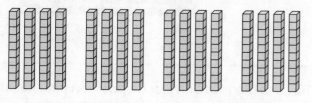

4 × 40 es 4 grupos de 4 decenas = 16 decenas o 160.

4 boletos cuestan $160.

Usa una recta numérica vacía.

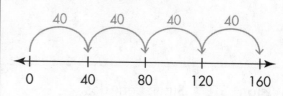

4 saltos de 40 son 160.   4 × 40 = 160

4 boletos cuestan $160.

Para **1** a **6**, usa una recta numérica vacía o dibuja bloques de valor de posición para hallar los productos.

1. 4 × 90

2. 8 × 40

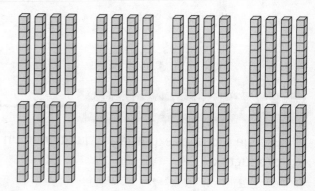

3. 7 × 50

4. 5 × 80

5. 7 × 80

6. 8 × 30

7. Representar con modelos matemáticos Nilda colecciona cromos. ¿Cuántos cromos hay en 3 paquetes? Muestra cómo usar una recta numérica vacía para resolver el problema.

$20

30 Cromos

8. Razonamiento de orden superior A Gil le regalaron 4 paquetes de cromos para su cumpleaños. Ya tenía 75 cromos. ¿Cuántos cromos tiene después de su cumpleaños?

9. enVision® STEM Susan tiene dos sembradíos en su granja donde siembra dos tipos de maíz. Cada sembradío tiene 60 filas de plantas de maíz. El tipo A crece mejor, así que hay 8 plantas de maíz en cada fila. El tipo B no crece tan bien, así que solamente hay 3 plantas de maíz en cada fila. Usa bloques de valor de posición para hallar cuántas plantas de maíz hay en cada sembradío.

10. Usa bloques de valor de posición para hallar 1×70, 2×70, 3×70 y 4×70. Describe los patrones que observas en los productos.

✓ Práctica para la evaluación

11. Escoge todas las expresiones que tienen un producto de 270.

- [ ] 3×9
- [ ] 3×90
- [ ] 2×70
- [ ] 7×20
- [ ] 9×30

12. Escoge todas las expresiones que tienen un producto de 160.

- [ ] 2×80
- [ ] 4×40
- [ ] 6×40
- [ ] 8×20
- [ ] 9×30

Nombre _____

Práctica adicional 10-2
Usar el cálculo mental para multiplicar

¡Revisemos!

Puedes usar operaciones básicas como ayuda para multiplicar por números que son múltiplos de 10.

Halla 6×40.

6×40 es igual a 6×4 decenas.

6×4 decenas es igual a 24 decenas.

$6 \times 40 = 240$

A continuación, se muestran diferentes maneras de resolver 2×70.

Puedes usar una operación básica o las propiedades de la multiplicación para resolver 2×70

2×70 es igual a 2×7 decenas.

2×7 decenas es igual a 14 decenas.

$2 \times 70 = 140$

$2 \times 70 = 2 \times (7 \times 10)$

$2 \times 70 = (2 \times 7) \times 10$

$2 \times 70 = 14 \times 10$

$2 \times 70 = 140$

Para **1** y **2**, usa operaciones básicas como ayuda para multiplicar.

1. Halla 3×80.

$3 \times 80 = (3 \times \underline{\hspace{1cm}})$ decenas

$3 \times 80 = \underline{\hspace{1cm}}$ decenas

$3 \times 80 = \underline{\hspace{1cm}}$

2. Halla 9×50.

$9 \times 50 = (9 \times \underline{\hspace{1cm}})$ decenas

$9 \times 50 = \underline{\hspace{1cm}}$ decenas

$9 \times 50 = \underline{\hspace{1cm}}$

Para **3** a **11**, completa las ecuaciones.

3. $5 \times 6 = \underline{\hspace{1cm}}$

$50 \times 6 = \underline{\hspace{1cm}}$

4. $8 \times 7 = \underline{\hspace{1cm}}$

$80 \times 7 = \underline{\hspace{1cm}}$

5. $3 \times 6 = \underline{\hspace{1cm}}$

$3 \times 60 = \underline{\hspace{1cm}}$

6. $30 \times 9 = \underline{\hspace{1cm}}$

7. $9 \times 80 = \underline{\hspace{1cm}}$

8. $60 \times 6 = \underline{\hspace{1cm}}$

9. $5 \times 50 = \underline{\hspace{1cm}}$

10. $7 \times 60 = \underline{\hspace{1cm}}$

11. $4 \times 30 = \underline{\hspace{1cm}}$

12. Explica por qué hay dos ceros en el producto de 5 × 40.

13. enVision® STEM El jardín de Kevin tiene 3 secciones. El año pasado, Kevin plantó 10 azucenas en una sección. Este año, hay 30 azucenas en cada sección. ¿Cuántas azucenas hay en total en el jardín de Kevin?

---

14. Usar herramientas apropiadas Escoge y usa una de las siguientes herramientas para hallar el área del rectángulo: fichas circulares, fichas de una pulgada cuadrada o reglas.

1 pulg.

2 pulgs.

15. Tania alineó 4 filas de vías del tren. Hay 20 trenes en cada fila. ¿Cuántos trenes hay? Explica cómo puedes representar este problema.

---

16. Razonamiento de orden superior Noah camina aproximadamente 200 pasos en una hora. ¿Aproximadamente cuántos pasos camina Noah en 4 horas? Completa la tabla y busca un patrón.

Tiempo	1 hora	2 horas	3 horas	4 horas
Cantidad de pasos				

---

17. Geena está haciendo un inventario. Registra la cantidad de clips pequeños, medianos, grandes y gigantes en la tabla de la derecha. Empareja cada ecuación con su producto para hallar el total de cada tamaño de clips en el inventario.

	90	160
2 × 80 = ?	☐	☐
4 × 40 = ?	☐	☐
3 × 30 = ?	☐	☐
1 × 90 = ?	☐	☐

DATOS	Tamaño	Cantidad de cajas	Cantidad de clips por caja
	Pequeño	2	80
	Mediano	4	40
	Grande	3	30
	Gigante	1	90

Práctica   Herramientas

Práctica adicional 10-3
Usar propiedades para multiplicar

¡Revisemos!

Halla 4×70.

Usa expresiones equivalentes para resolver problemas más sencillos.

¡Multiplicar por 10 es fácil! Puedes usar las propiedades para pensar en este problema como una multiplicación por 10.

Puedes agrupar factores.

$4 \times 70 = 4 \times (7 \times 10)$

$4 \times 70 = (4 \times 7) \times 10$

$4 \times 70 = 28 \times 10 = 280$

Por tanto, $4 \times 70 = 280$.

Puedes descomponer un factor.

$4 \times 70 = (2 + 2) \times 70$

$4 \times 70 = (2 \times 70) + (2 \times 70)$

$4 \times 70 = 140 + 140 = 280$

Por tanto, $4 \times 70 = 280$.

Para **1** a **6**, muestra cómo hallar los productos usando las propiedades de la multiplicación.

1. $8 \times 40 = 8 \times (\underline{\quad} \times 10)$

$8 \times 40 = (8 \times \underline{\quad}) \times 10$

$8 \times 40 = \underline{\quad} \times 10 = \underline{\quad}$

2. $2 \times 90 = \underline{\quad} \times (\underline{\quad} \times 10)$

$2 \times 90 = (\underline{\quad} \times \underline{\quad}) \times 10$

$2 \times 90 = (\underline{\quad}) \times 10 = \underline{\quad}$

3. 6×20

4. 4×80

5. 7×70

6. 8×60

7. 8×50

8. 3×40

9. Usar la estructura Un almacén tiene 9 contenedores. Cada contenedor tiene 20 cajas de cereales. ¿Cuántas cajas de cereales hay en el almacén? Explica cómo puedes usar propiedades para resolver el problema.

10. Henry alquila 9 cajas de platos. Asistirán 250 invitados al banquete. Hay 30 platos en cada caja. ¿Alquiló la cantidad suficiente de platos? Explícalo.

11. $32 \div 4 =$ _____
Escribe otras dos operaciones que pertenezcan a la misma familia de operaciones.

12. Álgebra Kelsey escribe la ecuación $6 \times ? = 180$. ¿Qué valor hace que su ecuación sea verdadera?

13. Juana recorrió 40 millas en bicicleta cada mes por 5 meses. Ella multiplica 40×5. ¿Qué unidad debe usar para el producto: millas o meses? Explícalo.

14. Razonamiento de orden superior Julia dice que $5 \times 28 = 140$. Ella usa el razonamiento que se muestra a continuación. Explica si estás de acuerdo o no con el razonamiento de Julia.

$$5 \times 28 = 5 \times (4 \times 7)$$
$$= (5 \times 4) \times 7$$
$$= 20 \times 7 = 140$$

✓ Práctica para la evaluación

15. ¿Cuáles de los siguientes productos son iguales a 490? Selecciona todos los que apliquen.

- ☐ 4×9
- ☐ $7 \times (1 \times 10)$
- ☐ 7×70
- ☐ 4×90
- ☐ $7 \times (7 \times 10)$

16. ¿Cuáles de los siguientes productos son iguales a 300? Selecciona todos los que apliquen.

- ☐ 3×10
- ☐ 6×50
- ☐ $6 \times (5 \times 10)$
- ☐ 5×60
- ☐ 30×10

Nombre _____

Práctica   Herramientas

¡Revisemos!

Busca los productos que faltan en la tabla.

Di cómo puedes usar la estructura para resolver este problema.

- Puedo buscar cosas en común para hallar un patrón.

- Puedo describir los patrones que encuentro.

- Puedo ampliar un patrón.

Completa la tabla. Piensa en los patrones o las propiedades que conoces.

Práctica adicional 10-4

Buscar y usar la estructura

Cuando usas la estructura, buscas y describes los patrones que se pueden usar para resolver el problema.

·	10	20	30	40	50	60	70	80	90
3	30	60	90	120	150	180	210	240	270
4	40	80	120	160	200	240	280	320	360
5	50	100	150	200	250	300	350	400	450

Un factor siempre es un múltiplo de 10. Usé los patrones que conozco para multiplicar por múltiplos de 10 para hallar el factor que falta.

Usar la estructura

Clifton está haciendo diferentes tipos de collares. Los collares tendrán 10, 20, 30 o 40 cuentas. Clifton hace la tabla de la parte de abajo de la página para hallar la cantidad de cuentas que necesitará si hace 6, 7 u 8 de cada tipo de collar.

1. Di cómo puedes hallar los productos en la tabla.

2. Halla los productos que faltan en la tabla para mostrar cuántas cuentas necesita Clifton para cada tipo de collar. Piensa en los patrones o las propiedades que conoces.

×	10	20	30	40
6	60	120		
7	70			
8	80	160		

Rutina de ejercicios

Bernardo se está preparando para una carrera. Todos los días hace la misma rutina de ejercicios. En una semana de 7 días, ¿cuánto tiempo más que a trotar dedica a levantar pesas? Responde a los Ejercicios **3** a **6** para resolver el problema.

Actividad	Tiempo por día (minutos)	Tiempo por semana (minutos)
Caminar	10	___
Trotar	20	140
Levantamiento de pesas	30	___
Estiramientos	5	___

3. **Representar con modelos matemáticos** Identifica la pregunta escondida de este problema. ¿Qué operación puedes usar para responder a la pregunta escondida?

4. **Usar la estructura** Resuelve el problema. Piensa en las propiedades o los patrones que conoces. Muestra tu trabajo.

5. **Generalizar** ¿Qué paso puedes repetir para hallar la cantidad de tiempo que Bernardo dedica a cada actividad en 1 semana? Completa la tabla.

Usa la estructura para entender cómo funcionan los patrones.

6. **Evaluar el razonamiento** Para resolver el problema, Jacobo suma la cantidad de tiempo que Bernardo dedica cada día a levantar pesas y a trotar. Luego, multiplica el total por 7. ¿Tiene sentido el razonamiento de Jacobo? Explícalo.

Nombre _____

Práctica   Herramientas

Práctica adicional 11-1
Resolver problemas verbales de 2 pasos: Suma y resta

¡Revisemos!

Harry anota 394 puntos en el nivel 1 de un videojuego. Pierde 248 puntos en el nivel 2. Luego, anota 138 puntos adicionales en el nivel 3. ¿Cuántos puntos tiene Harry ahora?

Usa diagramas de barra y ecuaciones para resolver.

Paso 1

Halla la pregunta escondida.

Pregunta escondida: ¿Cuántos puntos le quedaban a Harry después de perder 248 puntos?

394	
248	q

↑
Cantidad de puntos que le quedaban

$q = 394 - 248$
$q = 146$

Harry tenía 146 puntos.

Paso 2

Usa la respuesta a la pregunta escondida para responder a la pregunta original.

Pregunta original: ¿Cuántos puntos tiene Harry ahora?

p ← Cantidad de puntos ahora

146	138

$p = 146 + 138$
$p = 284$

Ahora, Harry tiene 284 puntos.

Para **1**, dibuja diagramas de barras y escribe ecuaciones para resolver el problema.

1. Jamie tiene un total de 875 piezas para armar un modelo. Le regala su modelo de un castillo a un amigo y se compra un modelo de un helicóptero. ¿Cuántas piezas tiene Jamie ahora?

2. ¿Cómo puedes estimar para comprobar si tu respuesta es razonable? Explícalo.

257 piezas $29   257 piezas
229 piezas $34   229 piezas

3. Razonar ¿De qué otra manera puedes hallar el puntaje de Harry en el problema de la parte superior de la página anterior?

4. Sentido numérico ¿Qué suma tiene el mayor total: 468 + 153 o 253 + 209?? Usa estimaciones para decir cómo lo sabes.

---

5. En una encuesta a 800 estudiantes, 548 dijeron que preferían pizza para el almuerzo, 173 preferían hamburguesas y 79 preferían sándwiches de carne. Completa los diagramas de barras y escribe ecuaciones para hallar a cuántos estudiantes más les gusta la pizza que las hamburguesas y los sándwiches de carne juntos. Usa letras para representar las cantidades desconocidas en tus ecuaciones. Comprueba tu trabajo usando la estimación.

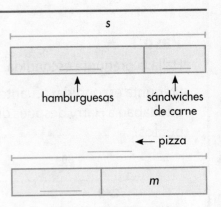

---

6. Razonamiento de orden superior María y John juegan un juego de computadora. ¿Quién anotó más puntos y ganó el juego? Explícalo.

DATOS	Puntaje del juego de computadora		
	Jugador	**Ronda 1 Puntaje**	**Ronda 2 Puntaje**
	María	256	345
	John	325	273

 **Práctica para la evaluación**

7. La Escuela Stewart tiene 178 computadoras. El grado 3 tiene 58 computadoras y el grado 4 tiene 57 computadoras. Crea y resuelve ecuaciones para hallar la cantidad de computadoras que tiene el resto de la escuela.

8. La librería escolar tenía 379 lápices. Esta semana, la librería vendió 187 lápices. Luego, el gerente llevó 450 lápices más. Crea y resuelve ecuaciones para hallar la cantidad de lápices que tiene la librería ahora.

Práctica   Herramientas

¡Revisemos!

Cada uno de los 6 miembros del Club de reciclaje ganó $3 por reciclar botellas de plástico. Donaron el dinero por igual a 2 obras benéficas. ¿Cuánto dinero donaron a cada obra benéfica?

Primero, halla la pregunta escondida y respóndela.

Paso 1

Halla la pregunta escondida y usa un diagrama y una ecuación para responder a ella.

Pregunta escondida: ¿Cuál es la cantidad total de dinero que ganaron los miembros del club?

d ← Cantidad total ganada

| $3 | $3 | $3 | $3 | $3 | $3 |

$d = 6 \times \$3$
$d = \$18$
Los miembros del club ganaron $18.

Paso 2

Usa la respuesta a la pregunta escondida para responder a la pregunta original.

Pregunta original: ¿Cuánto dinero donaron a cada obra benéfica?

18

| b | b | ← Cantidad donada

$b = 18 \div 2$
$b = \$9$
El club donó $9 a cada obra benéfica.

Para **1** y **2**, completa o dibuja diagramas y escribe ecuaciones. Usa letras para representar las cantidades desconocidas.

1. Una caja de 6 trofeos cuesta $5. ¿Cuánto costaría comprar 48 trofeos?

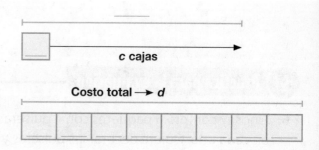

c cajas

Costo total → d

2. Una clase de educación física de tercer grado tiene 54 estudiantes. La maestra los divide en 9 grupos iguales. Luego, divide cada grupo en 2 equipos. ¿Cuántos estudiantes hay en cada equipo?

3. Entender y perseverar Marco quiere comprar 2 libros que cuestan $20 cada uno. Puede ahorrar $5 a la semana. Completa los diagramas de barras y escribe ecuaciones para hallar en cuántas semanas podría ahorrar suficiente dinero para comprar los libros. Usa letras para representar las cantidades desconocidas de tus ecuaciones.

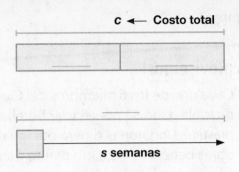

Para **4** y **5**, usa la tabla de la derecha.

4. Sentido numérico Calcula mentalmente para hallar el costo total de una carpa y una bolsa de dormir. Explica cómo hallaste la respuesta.

Venta de equipo de campamento

Bolsas de dormir	$195 cada una
Carpas	$238 cada una
Botellas de agua (caja de 12)	$10

5. Razonamiento de orden superior El lunes, Ángela compra 4 cajas de botellas de agua. El martes, compra 1 caja más que el lunes. ¿Cuánto dinero gastó Ángela en ambos días? Muestra cómo hallaste la respuesta.

☑ Práctica para la evaluación

6. Lindsey compró 5 paquetes con 4 pulseras en cada uno. Quiere decorar las pulseras y venderlas a $3 cada una. ¿Cuánto dinero ganará si vende todas las pulseras?

    Ⓐ $60   Ⓒ $15

    Ⓑ $50   Ⓓ $12

7. Pierre corre la misma distancia alrededor de una pista cada día, 4 días a la semana. Él corre un total de 12 millas cada semana. Tiene que dar 8 vueltas alrededor de la pista para completar una milla. ¿Qué ecuación puedes usar para hallar cuántas vueltas corre Pierre cada día?

    Ⓐ $y = 8 \div 4$ Ⓒ $y = 3 \times 8$

    Ⓑ $y = 12 \div 2$ Ⓓ $y = 4 \times 8$

Práctica   Herramientas

¡Revisemos!

Algunos problemas requieren más de una operación para poder resolverse.

Joseph tenía $154. Luego, ahorró $20 cada semana por 6 semanas. ¿Cuánto dinero tiene Joseph ahora?

n = cantidad de dinero que ahorró Joseph

d = total de dinero que tiene Joseph ahora

> Hay una pregunta escondida en este problema.

Lo que piensas

Primero, halla la pregunta escondida y responde a ella: ¿Cuánto dinero ahorró Joseph?
Halla $6 \times \$20$.

Luego, suma la cantidad que ahorró Joseph a la cantidad que tenía para resolver el problema.
Halla $\$154 + \$120$.

Lo que haces

Primero, **multiplica**.

$6 \times \$20 = n$

$\$120 = n$

Luego, **suma**.

$\$154 + \$120 = d$

$d = \$274$

---

1. Rahmi compró 1 par de jeans y 2 camisetas. ¿Cuánto gastó Rahmi? Escribe ecuaciones para resolver. Usa una letra para representar las cantidades desconocidas.

2. Representar con modelos matemáticos
Las sorpresas de fútbol americano para un fiesta se venden en paquetes como el que se muestra a la derecha. ¿Cuánto cuesta comprar 56 sorpresas? Piensa de qué manera puedes representar con modelos matemáticos como ayuda para resolver el problema.

$4 por paquete

3. Hay 12 focas, 4 ballenas y 8 delfines en el acuario. Completa la pictografía para mostrar los datos.

4. Un entrenador le dio de comer a las focas y a las ballenas y otro entrenador le dio de comer a los delfines. ¿A cuántos animales más les dio de comer el primer entrenador?

Mamíferos del acuario

Delfines	
Focas	
Ballenas	

Cada ⬤ = 2 animales

5. Razonamiento de orden superior Selena tiene un tren de juguete que mide 32 pulgadas de longitud. Tiene una locomotora, un furgón de cola y un vagón cerrado. Los demás son vagones de pasajeros. ¿Cuántos vagones de pasajeros tiene el tren de Selena?

Los vagones del tren de Selena

Tipo	Pulgadas de longitud
Locomotora	7
Vagón cerrado	3
Vagón de pasajeros	9
Furgón de cola	4

✔ **Práctica para la evaluación**

6. Usa la tabla del Ejercicio **5**. Si el tren de Selena tiene una locomotora y 3 vagones de pasajeros, ¿cuánto mide su tren? Escribe ecuaciones para resolverlo. Usa letras para representar cualquier cantidad desconocida.

Práctica   Herramientas

¡Revisemos!

Frank necesita $169 para comprar una bicicleta y ya tiene $46. Ganó $20 por cortar el césped de una casa.

Dan dice que Frank necesita cortar el césped de 6 casas por el mismo precio para obtener suficiente dinero. Se muestra su trabajo a la derecha.

El trabajo de Dan

6 × $20 = $120
$120 + $46 es aprox. $120 + $50 = $170
$170 > $169
Frank tiene suficiente dinero.

Di cómo puedes evaluar el razonamiento de Dan.

- Puedo decidir si su estrategia tiene sentido.

- Puedo identificar errores en su manera de pensar.

Cuando evalúas el razonamiento, explicas por qué la forma de pensar de otros es correcta o incorrecta.

Evalúa el razonamiento de Dan.

Su razonamiento no tiene sentido.
Dan redondeó $46 a $50, así que su estimación de $170 es más de lo que tendrá Frank.
Compara la suma real de $120 + $46 con $169: $166 < $169.

Frank no tendrá suficiente dinero.

Evaluar el razonamiento

Una tienda ganó $650 el lunes. El martes por la mañana ganó $233 y el martes por la tarde ganó $378.

Leah dice que la tienda ganó más dinero el martes. Se muestra su trabajo a la derecha.

El trabajo de Leah

$233 + $378 es aprox.
$300 + $400 = $700.

$700 > $650
La tienda ganó más dinero el martes.

1. ¿Cuál es el argumento de Leah y cómo lo defiende?

2. Di cómo puedes evaluar el razonamiento de Leah.

3. Evalúa el razonamiento de Leah.

Abastecimiento de un estanque de peces

Aproximadamente 200 personas visitan el parque del Sr. Ortiz cada día. Hay 636 peces en un estanque del parque y no puede haber más de 700 peces. El Sr. Ortiz tiene 7 bolsas con peces dorados como la que se muestra a la derecha. ¿Puede el Sr. Ortiz colocar todos sus peces dorados en el estanque?

Jason resolvió el problema de la siguiente manera:

700 − 636 es aproximadamente 700 − 640.
700 − 640 = 60

Hay 8 peces dorados en cada bolsa.
7 × 8 = 56
El Sr. Ortiz tiene 56 peces dorados.
56 < 60

El Sr. Ortiz puede colocar todos sus peces dorados en el estanque.

4. Entender y perseverar ¿Has visto algún problema parecido antes? Si es así, ¿de qué manera te ayudaría a resolverlo?

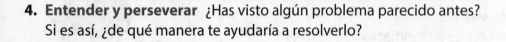

5. Evaluar el razonamiento ¿Tiene sentido el método de Jason? Explícalo.

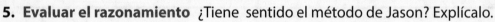

6. Hacerlo con precisión ¿Son correctos los cálculos de Jason? Explícalo.

7. Razonar Explica cómo halló Jason la cantidad de peces dorados de cada bolsa.

Nombre _____

Práctica   Herramientas

Práctica adicional 12-1
División de regiones en partes iguales

¡Revisemos!

Divide estas figuras en 6 partes iguales de dos maneras distintas.

 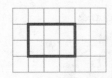

Puedes trazar líneas para dividir las figuras en partes iguales.

Las partes iguales no necesitan tener la misma forma, pero sí deben tener la misma área.

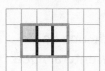 

Ambas figuras están divididas en seis partes iguales, o sextos. Cada parte es un sexto del área de la figura. Se puede escribir cada parte como $\frac{1}{6}$.

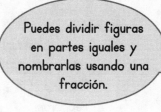

Puedes dividir figuras en partes iguales y nombrarlas usando una fracción.

Para **1** a **3**, indica si cada figura muestra partes iguales o desiguales. Si las partes son iguales, rotula una de las partes usando una fracción unitaria.

1.

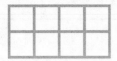

2.

3.

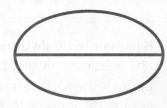

Para **4** a **6**, traza líneas para dividir las figuras en la cantidad dada de partes iguales. Luego, escribe la fracción que representa una parte igual.

4. 3 partes iguales

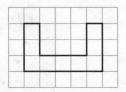

5. 4 partes iguales

6. 6 partes iguales

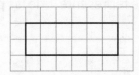

 En línea | SavvasRealize.com   **Tema 12** | Lección 12-1   **139**

7. El Sr. Yung pidió 3 pizzas. Cortó las pizzas en la cantidad de partes iguales que se muestran a continuación. Traza líneas para mostrar cómo pudo haber cortado las pizzas el Sr. Yung.

2 partes iguales

Champiñones

8 partes iguales

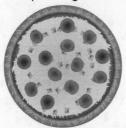

Pepperoni

4 partes iguales

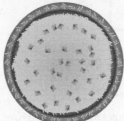

Queso

8. El Sr. Yung puso cebollas en la pizza de champiñones, pero solo en $\frac{1}{2}$ de esta pizza. Colorea la cantidad de la pizza que tiene cebollas.

9. Rosa comió 1 parte igual de una de las pizzas. Comió $\frac{1}{8}$ de la pizza entera. ¿Qué pizza comió Rosa?

10. Razonar Ellen dibujó dos polígonos. Uno de los polígonos tiene 3 ángulos más que el otro. ¿Qué figuras pudo haber dibujado?

11. **Ⓐⁿᶻ Vocabulario** George cortó un pastel en 8 porciones iguales. ¿Cuál es la fracción unitaria del pastel?

12. Razonamiento de orden superior Traza una línea para dividir este cuadrado en 8 partes iguales. ¿Qué fracción del cuadrado era 1 parte antes de trazar la línea? ¿Y después de trazar la línea?

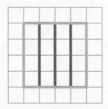

☑ **Práctica para la evaluación**

13. Traza líneas para dividir este rectángulo en 3 partes iguales. Luego, escoge la fracción que represente 1 de las partes.

Ⓐ $\frac{1}{2}$

Ⓒ $\frac{1}{6}$

Ⓑ $\frac{1}{3}$

Ⓓ $\frac{1}{8}$

Recuerda que una fracción unitaria representa una de las partes iguales.

Nombre _____

¡Revisemos!

Se puede usar una fracción para nombrar parte de un entero.

El denominador muestra la cantidad total de partes iguales de un entero. El numerador muestra cuántas partes iguales se describen.

2 copias de $\frac{1}{4}$ es $\frac{2}{4}$. $\frac{2}{4}$ del rectángulo están sombreados.

Cantidad de partes de $\frac{1}{4}$-sombreadas ⟶ $\frac{2}{4}$ ⟵ Numerador

Cantidad total de partes iguales ⟶ ⟵ Denominador

Para **1** a **6**, escribe la fracción unitaria que representa cada parte del entero. Después, escribe la cantidad de partes sombreadas. Luego, escribe la fracción del entero que está sombreada.

1.

2.

3.

4.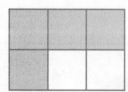

5.

6.

7. Dibuja un rectángulo que muestre 2 partes iguales. Sombrea $\frac{1}{2}$ del rectángulo.

8. Dibuja un círculo que muestre 8 partes iguales. Sombrea $\frac{2}{8}$ del círculo.

9. Hay 6 galletas en 1 bolsa. ¿Cuántas galletas hay en 5 bolsas? Usa el diagrama de barras para escribir una ecuación y resolverla.

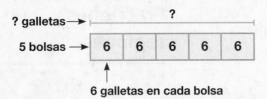

? galletas →

5 bolsas →

| 6 | 6 | 6 | 6 | 6 |

↑ 6 galletas en cada bolsa

10. Un banderín está formado por 8 partes iguales. Cinco de las partes son verdes. Tres de las partes son amarillas. Dibuja y colorea el banderín.

11. Entender y perseverar Tres amigos van a jugar bolos. El puntaje de Ariel es 52 puntos mayor que el de Mateo. El puntaje de Mateo es 60 puntos menor que el de Greg. Si el puntaje de Greg es 122, ¿cuál es el puntaje de Ariel?

12. Encierra en un círculo todas las figuras que muestran $\frac{3}{4}$.

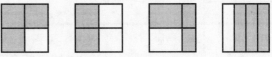

13. Razonamiento de orden superior Rafael dibuja una figura y la divide en partes iguales. Dos de las partes son rojas. Las otras 4 partes son azules. Rafael dice que $\frac{2}{4}$ de la figura son rojos. ¿Qué error cometió? Explícalo. Luego, escribe la fracción correcta de la figura que es roja.

Puedes hacer un dibujo como ayuda para resolver este problema.

✓ **Práctica para la evaluación**

14. Escribe la fracción unitaria que representa 1 cuadrado. Luego, escribe la fracción que representa el entero. Escoge números de la caja para escribir las fracciones.

1   2   3   4   5   6   7   8

$\frac{\square}{\square}$; $\frac{\square}{\square}$

Nombre _____

¡Revisemos!

A continuación se muestra $\frac{3}{4}$ de una tira de queso.
¿Qué longitud tiene toda la tira de queso?

$\frac{3}{4}$

$\frac{3}{4}$ son 3 partes de $\frac{1}{4}$. de longitud. Divide el queso en 3 partes iguales.

$\frac{1}{4}$ $\frac{1}{4}$ $\frac{1}{4}$

4 partes de $\frac{1}{4}$ de longitud forman $\frac{4}{4}$, o 1 entero. Dibuja un cuarto más. El dibujo muestra la longitud de toda la tira de queso.

$\frac{1}{4}$ $\frac{1}{4}$ $\frac{1}{4}$ $\frac{1}{4}$

 $1 = \frac{4}{4}$

El denominador de la fracción te indica cuántas longitudes necesitas para formar el entero.

Para **1** a **4**, haz un dibujo del entero y escribe una fracción para representar el entero.

1. $\frac{1}{3}$

$1 = \dfrac{\square}{\square}$

2. $\frac{1}{6}$

$1 = \dfrac{\square}{\square}$

3. $\frac{2}{4}$

$1 = \dfrac{\square}{\square}$

4. $\frac{3}{8}$

$1 = \dfrac{\square}{\square}$

5. Razonar Si la parte que se muestra es $\frac{3}{4}$ de una bandera, ¿a qué se parece la bandera entera? Haz un dibujo y escribe una fracción para representar el entero.

$\frac{3}{4}$

Piensa en lo que sabes y lo que necesitas hallar.

6. Jorge tiene $\frac{4}{8}$ de la tela que necesita para hacer un disfraz para una fiesta. La tela se muestra a la derecha. Haz un dibujo y escribe una fracción para representar el entero.

7. El jardín de Ben tiene 4 pies de ancho y 4 pies de longitud. ¿Cuál es el área del jardín de Ben?

8. Gary tiene 63 fichas que coloca en una matriz de 9 columnas. ¿Cuántas filas hay?

9. Razonamiento de orden superior Marla y Mindy vieron un plan para $\frac{2}{6}$ de un área de juego. Cada una hizo un dibujo del área de juego entera. ¿Qué dibujo **NO** es correcto? Indica cómo lo sabes.

$\frac{2}{6}$

el dibujo de Marla

el dibujo de Mindy

☑ **Práctica para la evaluación**

10. El siguiente dibujo muestra $\frac{3}{4}$ de la distancia a la que vive Pedro de la escuela.

¿Qué opción muestra la distancia entera?

Ⓐ

Ⓑ

Ⓒ

Ⓓ

11. Cada una de estas partes es $\frac{1}{8}$ de un entero diferente. ¿Qué opción es parte del entero más grande?

Ⓐ

Ⓑ

Ⓒ

Ⓓ

Nombre _____

¡Revisemos!

Muestra $\frac{3}{8}$ en una recta numérica.

Empieza por dibujar una recta numérica de 0 a 1.
Coloca marcas en los extremos y rotúlalas 0 y 1.

0 ————————————————————— 1

Divide la recta numérica en 8 partes iguales.
Cada parte es $\frac{1}{8}$ del entero.

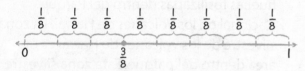

Empieza en 0. Avanza hacia la derecha hasta llegar a la tercera
marca. Esa marca representas $\frac{3}{8}$. Dibuja un punto en la parte de la
recta numérica que indicas $\frac{3}{8}$. Rotula el puntos $\frac{3}{8}$.

Práctica adicional 12-4
Fracciones menores que 1 en la recta numérica

¡Hazlo con precisión!
Puedes usar una recta
numérica para mostrar fracciones.
El denominador te indica qué número
de partes iguales hay en la
recta numérica.

Para **1** y **2**, divide la recta numérica en la cantidad dada de partes iguales.
Luego, marca y rotula la fracción dada en la recta numérica.

1. 3 partes iguales; $\frac{2}{3}$

0   1

2. 6 partes iguales; $\frac{5}{6}$

0   1

Para **3** a **6**, dibuja una recta numérica. Divide la recta numérica en partes iguales
para la fracción dada. Luego, marca y rotula la fracción en la recta numérica.

3. $\frac{3}{4}$

4. $\frac{4}{8}$

5. $\frac{1}{6}$

6. $\frac{7}{8}$

7. Álgebra Ted escribió la siguiente ecuación. Escribe el número que hace que la ecuación sea correcta.

$824 = 20 + ? + 4$

? = _____

8. Evaluar el razonamiento Carlo dice que el punto de esta recta numérica muestra $\frac{1}{3}$. ¿Estás de acuerdo con Carlo? Explica por qué.

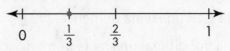

9. Razonamiento de orden superior Eddie camina sobre una recta pintada en la acera. Necesita dar 8 pasos de igual longitud para llegar de un extremo al otro de la recta. Después de que Eddie dio 5 pasos, ¿qué fracción de la recta quedó detrás de él? ¿Qué fracción de la recta aún está enfrente de él?

10. enVision® STEM Se han descubierto huellas fosilizadas dentro del Parque Nacional de los Volcanes de Hawái. La zona silvestre de los volcanes de Hawái es un área dentro del parque. Esta zona silvestre abarca aproximadamente $\frac{1}{2}$ del parque. Dibuja un modelo de área que muestre $\frac{1}{2}$.

11. Marty tiene 1 docena de huevos. Necesita 4 huevos para hornear un pastel. ¿Cuántos pasteles puede hornear? Completa el diagrama de barras y escribe una ecuación para representar y resolver el problema.

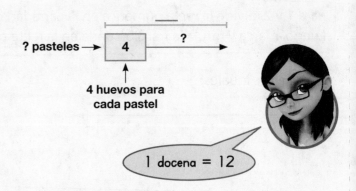

✓ Práctica para la evaluación

12. ¿Cuál de las siguientes rectas numéricas tiene un punto en $\frac{3}{8}$?

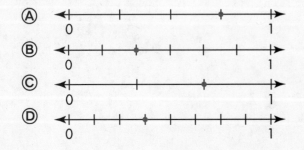

13. ¿Qué fracción representa el punto en la recta numérica?

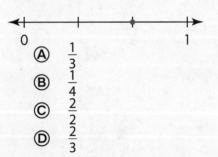

Ⓐ $\frac{1}{3}$

Ⓑ $\frac{1}{4}$

Ⓒ $\frac{2}{2}$

Ⓓ $\frac{2}{3}$

Práctica   Herramientas

¡Revisemos!

Se puede nombrar un punto en una recta numérica usando una fracción.

En las siguientes fracciones, el denominador muestra la cantidad de partes iguales que están entre 0 y 1. El numerador muestra la cantidad de copias de la fracción unitaria.

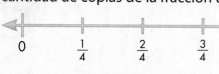

El numerador aumenta en 1 en cada punto. ¡Esto se debe a que cada punto indica que hay 1 copia más de la fracción unitaria!

Para **1** a **6**, hay partes iguales marcadas en las rectas numéricas. Escribe las fracciones que faltan.

1.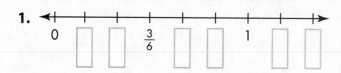

2.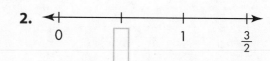

3.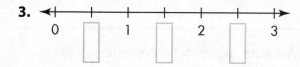

4.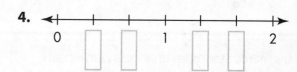

5.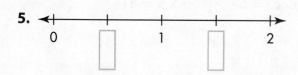

6.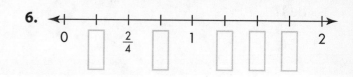

7. Divide la recta numérica en tercios y rotula cada punto.

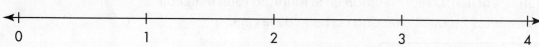

Para **8** y **9**, usa la siguiente recta numérica.

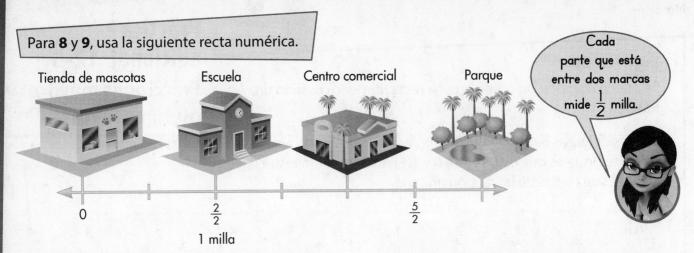

Tienda de mascotas Escuela Centro comercial Parque

Cada parte que está entre dos marcas mide $\frac{1}{2}$ milla.

0   $\frac{2}{2}$ $\frac{5}{2}$

1 milla

8. ¿Qué distancia hay desde el centro comercial hasta la tienda de mascotas? Explica cómo lo sabes.

9. Razonamiento de orden superior Ken vive a mitad de camino entre la escuela y la tienda de mascotas. ¿Qué distancia hay entre la casa de Ken y el parque?

10. Dibuja un triángulo en el cual todos los lados tengan diferente longitud.

11. Construir argumentos Juan dijo que 2 está entre 0 y $\frac{3}{4}$ en una recta numérica. ¿Estás de acuerdo? Construye un argumento que lo explique.

12. Luis marcó sextos en una recta numérica. Escribió $\frac{5}{6}$ justo antes del 1. ¿Qué fracción debe escribir en la primera marca de $\frac{1}{6}$ a la derecha de 1?

13. Álgebra ¿Qué factor hace que estas ecuaciones sean correctas?

$6 \times ? = 54$ $? \times 9 = 81$

✓ **Práctica para la evaluación**

14. ¿Qué fracción se encuentra representada en la longitud total marcada en la recta numérica? Escoge la fracción correcta de la caja.

$\frac{1}{2}$ $\frac{2}{3}$ $\frac{3}{4}$ $\frac{4}{3}$ $\frac{5}{3}$

0   1   2

Nombre _____

¡Revisemos!

Esta regla muestra marcas de media pulgada. Franco usa la regla para medir un hexágono a la media pulgada más cercana.

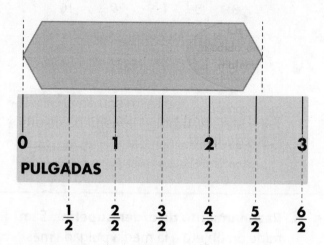

A la media pulgada más cercana, la longitud del hexágono es $2\frac{1}{2}$ pulgadas.

Franco anotó las longitudes de otros hexágonos que midió. Después hizo un diagrama de puntos. Las longitudes más frecuentes fueron $1\frac{1}{2}$ pulgadas y $2\frac{1}{2}$ pulgadas.

Puedes usar un diagrama de puntos para comparar los datos.

Longitudes de los hexágonos

Longitud (pulgadas)

1. Mide la longitud de cada rectángulo a la media pulgada más cercana.

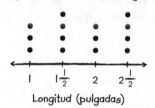

[_____] Mediano

[_____] Largo

[___] Corto

2. Jaime dibujó 5 de los rectángulos medianos, 3 de los largos y 4 de los cortos. ¿Cuántos puntos debe tener el diagrama de puntos?

Longitudes de los rectángulos

3. Completa el diagrama de puntos para mostrar los datos.

$0 \quad \frac{1}{2} \quad 1 \quad 1\frac{1}{2} \quad 2 \quad 2\frac{1}{2}$

Longitud (pulgadas)

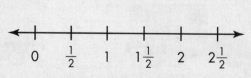

4. Julia midió las longitudes de sus libros a la media pulgada más cercana y las escribió como se indica a continuación. Completa el diagrama de puntos para mostrar las longitudes de los libros de Julia.

$8\frac{1}{2}$ pulgs., $9\frac{1}{2}$ pulgs., $8\frac{1}{2}$ pulgs., $9\frac{1}{2}$ pulgs., 10 pulgs., $9\frac{1}{2}$ pulgs., $8\frac{1}{2}$ pulgs., 9 pulgs., $9\frac{1}{2}$ pulgs.

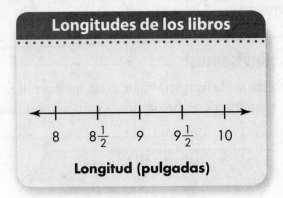

Longitudes de los libros

8   $8\frac{1}{2}$ 9 $9\frac{1}{2}$ 10

Longitud (pulgadas)

5. Eli tiene el doble de libros que tiene Julia. ¿Cuántos libros tiene Eli?

6. ¿Cuál es la longitud más frecuente en los libros de Julia?

---

7. Representar con modelos matemáticos Pedro compró 8 cajitas de pinturas. Le da la mitad a su hermana. Cada cajita contiene 5 botellas de pintura. ¿Cuántas botellas tiene la hermana de Pedro? Usa tus conocimientos de matemáticas para representar el problema.

8. Razonamiento de orden superior Sam mide un objeto a la media pulgada más cercana. Anota $4\frac{1}{2}$ pulgadas de longitud. Geri mide el mismo objeto a la pulgada más cercana. ¿Pueden Sam y Geri obtener la misma medida? Explícalo.

☑ **Práctica para la evaluación**

9. Roberto midió sus carros y camiones a la media pulgada más cercana. Mide cada uno y completa el diagrama de puntos.

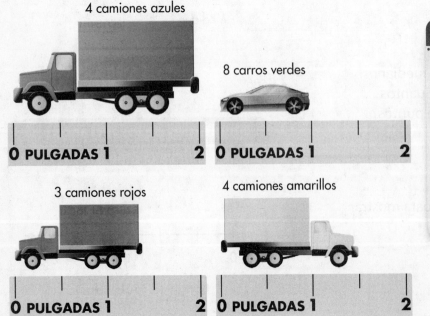

4 camiones azules

8 carros verdes

3 camiones rojos

4 camiones amarillos

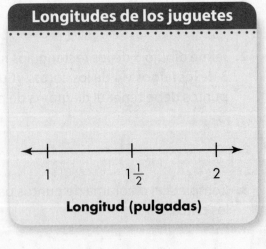

Longitudes de los juguetes

1   $1\frac{1}{2}$ 2

Longitud (pulgadas)

Práctica

Herramientas

¡Revisemos!

Las marcas de esta regla representan cuartos de pulgada. Selina usa la regla para medir la cinta al cuarto de pulgada más cercano.

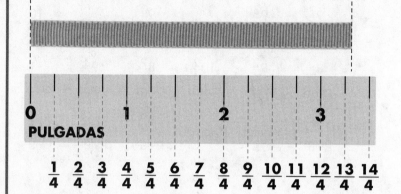

Al cuarto de pulgada más cercano, la longitud de la cinta es $3\frac{1}{4}$ pulgadas.

Selina anotó las medidas de todas las cintas que tiene. Luego, hizo un diagrama de puntos.

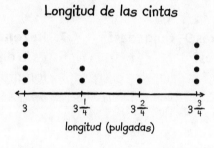

Longitud de las cintas

longitud (pulgadas)

Una regla te ayuda a medir con precisión. Puedes usar un diagrama de puntos para organizar los datos.

---

1. Los insectos de juguete de Toby se muestran a la derecha. Usa una regla para medir cada insecto al cuarto de pulgada más cercano. Anota las medidas.

6 escarabajos

7 mariquitas

5 mariposas

0 PULGADAS 1   0 PULGADAS 1   0 PULGADAS 1

2. ¿Cuántos puntos debe haber en el diagrama de puntos para mostrar todos los insectos de juguete de Toby?

3. Completa el diagrama de puntos para mostrar los datos.

4. ¿Cuántos puntos más que para las mariposas dibujaste para los escarabajos?

Insectos de juguete de Toby

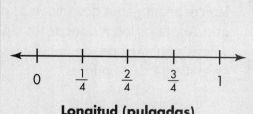

0   $\frac{1}{4}$ $\frac{2}{4}$ $\frac{3}{4}$ 1

Longitud (pulgadas)

En línea | **SavvasRealize.com**   **Tema 12** | Lección 12-7   **151**

Para **5** a **7**, usa la tabla de la derecha. La tabla muestra las longitudes al cuarto de pulgada más cercano de los peces que estudiaron los científicos.

5. Haz un diagrama de puntos para mostrar los datos.

Longitud de los peces					
$9\frac{1}{4}$ pulgs.	$9\frac{3}{4}$ pulgs.	11 pulgs.	$9\frac{3}{4}$ pulgs.	$8\frac{3}{4}$ pulgs.	10 pulgs.
$8\frac{3}{4}$ pulgs.	$9\frac{2}{4}$ pulgs.	$10\frac{2}{4}$ pulgs.	$8\frac{2}{4}$ pulgs.	$9\frac{3}{4}$ pulgs.	11 pulgs.
$10\frac{1}{4}$ pulgs.	9 pulgs.	10 pulgs.	$8\frac{3}{4}$ pulgs.	$10\frac{3}{4}$ pulgs.	$9\frac{3}{4}$ pulgs.

6. ¿Con cuántos puntos muestras $9\frac{3}{4}$ pulgadas? ¿Qué representan esos puntos?

7. Razonamiento de orden superior ¿Cuál es la diferencia entre la mayor y la menor longitud?

8. Óscar usa 48 cuentas para hacer una matriz de 6 filas. ¿Cuántas columnas tiene la matriz?

9. Entender y perseverar Connor gastó $65 el miércoles y $130 el jueves. A Connor le quedan $311. ¿Cuándo dinero tenía Connor al principio?

Práctica para la evaluación

10. Isabella anotó las longitudes de los lápices azules de su colección al cuarto de pulgada más cercano. Isabella también tiene 4 lápices rojos que miden 4 pulgadas cada uno, 3 lápices verdes que miden $4\frac{2}{4}$ pulgadas cada uno y 7 lápices anaranjados que miden $3\frac{3}{4}$ pulgadas cada uno. Anota las longitudes de los lápices rojos, verdes y anaranjados de Isabella en el diagrama de puntos.

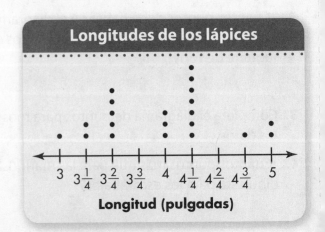

Longitudes de los lápices

Longitud (pulgadas)

Práctica   Herramientas

¡Revisemos!

Becky divide un rectángulo en 8 partes iguales y colorea 4 partes de amarillo. El rectángulo tiene 4 lados y 4 ángulos. Becky colorea 1 parte de rojo y el resto de azul. ¿Qué fracción coloreó de azul Becky?

Di cómo puedes entender el problema.

- Puedo identificar las cantidades que se dan.

- Puedo entender las cantidades que se necesitan para resolver el problema.

Usa lo que sabes para resolver el problema.

El rectángulo tiene 4 lados y 4 ángulos es información que sobra. Hay 8 partes iguales; por tanto, cada parte es $\frac{1}{8}$ del entero. Hay 3 partes que sobran para colorear de azul. Entonces, 3 partes de $\frac{1}{8}$ es $\frac{3}{8}$. Por tanto, $\frac{3}{8}$ son azules.

Para entender y perseverar en la resolución del problema puedes identificar las cantidades. Después, usa lo que sabes para resolver el problema.

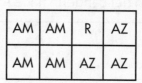

AM	AM	R	AZ
AM	AM	AZ	AZ

Entender y perseverar

Tres amigos llegan a una fiesta a las 2 en punto. Cortan una pizza en 4 porciones. Cada uno come una porción. ¿Qué fracción de la pizza sobra?

1. Di lo que puedes hacer para entender el problema.

2. ¿Hay información que falta o que sobra? Explícalo.

3. Resuelve el problema. Si falta información que necesitas, crea alguna información que sea razonable para resolver el problema. Puedes hacer un dibujo como ayuda.

Banderín de la escuela

Cuatro estudiantes están haciendo el banderín que se muestra a la derecha. Tienen 1 semana para terminarlo. Ana hace las partes verdes. Michael hace la parte blanca. Adeeba hace la misma cantidad de partes que hace Leo.

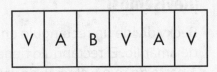

V	A	B	V	A	V

Verde = V
Blanco = B
Anaranjado = A

4. **Entender y perseverar** El maestro quiere saber cuál es la fracción del banderín que hace Leo. ¿Hay información que falta o que sobra?

5. **Razonar** ¿Qué fracción del banderín hace Ana?

6. **Razonar** ¿Qué fracción del banderín hace Michael?

Si tienes dificultades para seguir adelante, puedes perseverar. Piensa: ¿puedo resolverlo usando otros números?

7. **Hacerlo con precisión** Explica cómo sabes qué fracción del banderín **NO** está hecha por Ana ni por Michael.

8. **Construir argumentos** ¿Qué fracción del banderín hace Leo? Explícalo.

Práctica · Herramientas

Práctica adicional 13-1
Fracciones equivalentes: Usar modelos

¡Revisemos!

Puedes usar tiras de fracciones para hallar fracciones equivalentes.

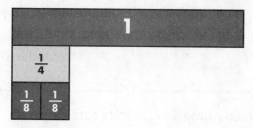

$\frac{1}{4}$ y $\frac{2}{8}$ son fracciones equivalentes porque representan la misma cantidad. Puedes escribir $\frac{1}{4} = \frac{2}{8}$.

También puedes usar modelos de área para mostrar que $\frac{1}{4}$ y $\frac{2}{8}$ son equivalentes. Las dos fracciones representan la misma parte del entero.

Puedes ver que dos tiras de $\frac{1}{8}$ muestran la misma parte del entero que una tira de $\frac{1}{4}$.

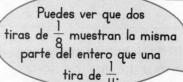

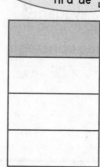  

Para **1** a **8**, halla las fracciones equivalentes. Usa tiras de fracciones o dibuja modelos de área como ayuda.

1.

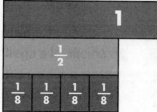

$\frac{1}{2} = \boxed{}$

2.

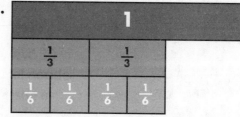

$\frac{2}{3} = \boxed{}$

3.

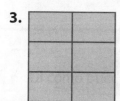

$\frac{6}{6} = \boxed{}$

4.

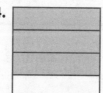

$\frac{3}{4} = \boxed{}$

5. $\frac{1}{3} = \frac{\boxed{}}{6}$ 　　　**6.** $\frac{4}{4} = \frac{\boxed{}}{3}$ 　　　**7.** $\frac{1}{2} = \frac{\boxed{}}{4}$ 　　　**8.** $\frac{3}{6} = \frac{\boxed{}}{2}$

9. (A-Z) **Vocabulario** Explica qué son las fracciones equivalentes y da un ejemplo.

10. Usar herramientas apropiadas Cuando usas tiras de fracciones, ¿cómo puedes saber si dos fracciones **NO** son equivalentes?

11. Taylor coloreó $\frac{1}{4}$ de este rectángulo. Dibuja un modelo de área que muestre una fracción equivalente a $\frac{1}{4}$. Usa el dibujo para ayudarte.

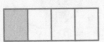

12. Sentido numérico Juanita está pensando en un número de 3 dígitos. Su número tiene los dígitos 8, 4 y 6. A la centena más cercana, se redondea a 600. ¿Cuál es el número?

13. Los platos de cena están organizados en 5 estantes, con 8 platos cada uno. ¿Cuántos platos hay en todos los estantes? Dibuja un diagrama de barras y escribe una ecuación para resolver.

14. Razonamiento de orden superior Fredy dice que $\frac{1}{2}$ y $\frac{7}{8}$ son fracciones equivalentes. Dibuja modelos de área para $\frac{1}{2}$ y $\frac{7}{8}$ para mostrar si el enunciado de Fredy es correcto. Nombra dos fracciones que sepas que son equivalentes a $\frac{1}{2}$.

✓ **Práctica para la evaluación**

15. ¿Qué pares de fracciones **NO** son equivalentes? Selecciona todas las que apliquen.

☐ $\frac{1}{3}$ y $\frac{1}{6}$ ☐ $\frac{4}{6}$ y $\frac{2}{3}$

☐ $\frac{1}{3}$ y $\frac{3}{6}$ ☐ $\frac{2}{3}$ y $\frac{3}{6}$

☐ $\frac{2}{6}$ y $\frac{1}{3}$

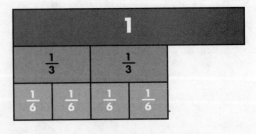

¡Revisemos!

Luisa comparte un rollo de fruta con su hermana. Su hermana dice que Luisa tomó $\frac{1}{3}$ del rollo de fruta. Luisa cree que tomó $\frac{2}{6}$. Dibujó dos rectas numéricas para ver si las dos fracciones son equivalentes.

Las fracciones están en la misma ubicación en la recta numérica; por tanto, las fracciones son equivalentes.

$\frac{1}{3} = \frac{2}{6}$

Las fracciones equivalentes representan la misma parte del entero.

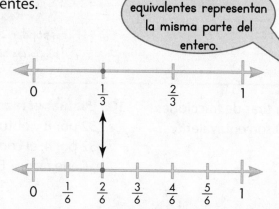

Para **1** a **4**, halla las fracciones equivalentes que faltan en la recta numérica. Luego, escribe las fracciones equivalentes debajo. Para **5** y **6**, escribe las fracciones equivalentes.

1.

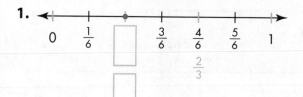

2.

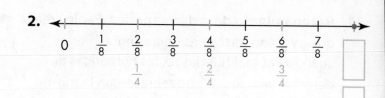

3.

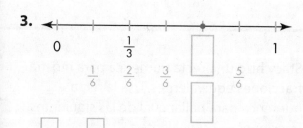

4.

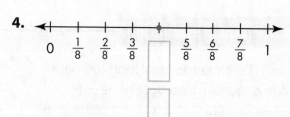

5.

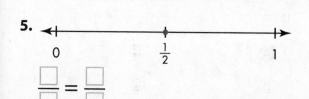

6.

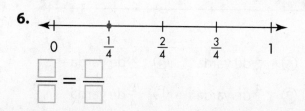

7. Óscar y Pedro tienen cuerdas de la misma longitud. Óscar usó $\frac{3}{4}$ de su cuerda para amarrar un paquete de periódicos. Pedro usó $\frac{6}{8}$ de su cuerda para amarrar un paquete de revistas. ¿Usaron la misma cantidad de cuerda? Dibuja una recta numérica y escribe las fracciones para mostrar tu respuesta.

8. Eric divide una tira de papel en 8 partes iguales. Él corta 2 de las partes y colorea de azul 4 de las partes restantes. ¿Qué fracción del entero restante colorea de azul?

Recuerda responder a la pregunta escondida.

9. ¿Cómo puede Braulio usar tiras de fracciones para mostrar que $\frac{3}{4}$ y $\frac{7}{8}$ **NO** son equivalentes?

10. Evaluar el razonamiento Isabel dividió 32 por 8 y obtuvo 4. Ella dice que si divide 32 por 4, el cociente será mayor que 4. ¿Tiene razón? Explícalo.

11. Razonamiento de orden superior Pablo cree que $\frac{1}{2}$ y $\frac{2}{4}$ son fracciones equivalentes. Pero cuando Pablo dibuja las rectas numéricas de la derecha, ve que $\frac{1}{2}$ y $\frac{2}{4}$ no representan la misma ubicación. Explica qué hizo mal Pablo.

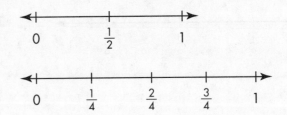

12. Tania usa dos cintas de igual longitud para envolver paquetes. Una cinta tiene $\frac{4}{8}$ de yarda. Usa la recta numérica para hallar cuál de las siguientes medidas **NO** es una longitud posible para la segunda cinta.

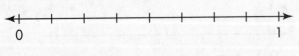

Ⓐ $\frac{3}{8}$ de yarda   Ⓒ $\frac{1}{2}$ de yarda

Ⓑ $\frac{4}{8}$ de yarda   Ⓓ $\frac{2}{4}$ de yarda

13. Stacy hizo una recta numérica para mostrar fracciones equivalentes. Usa la recta numérica para hallar cuál de las siguientes fracciones es equivalente a $\frac{6}{8}$.

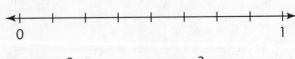

Ⓐ $\frac{2}{4}$ Ⓒ $\frac{3}{8}$

Ⓑ $\frac{1}{2}$ Ⓓ $\frac{3}{4}$

Nombre _____

Práctica adicional 13-3
Usar modelos para comparar fracciones: El mismo denominador

¡Revisemos!

Puedes usar tiras de fracciones para comparar fracciones que tienen el mismo denominador.

Compara $\frac{1}{4}$ y $\frac{3}{4}$.

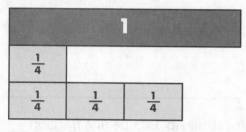

El denominador para cada fracción es 4.
Usa tiras de fracciones para ayudarte a comparar las fracciones.

Usa una tira de $\frac{1}{4}$ para mostrar $\frac{1}{4}$ y tres tiras de $\frac{1}{4}$ para mostrar $\frac{3}{4}$.
Se usaron más tiras de $\frac{1}{4}$ para mostrar $\frac{3}{4}$. Por tanto, $\frac{3}{4} > \frac{1}{4}$ y $\frac{1}{4} < \frac{3}{4}$.

Las fracciones que comparas deben ser parte del mismo entero o enteros del mismo tamaño.

Para **1** a **12**, compara. Escribe $<$, $>$ o $=$. Usa o dibuja tiras de fracciones como ayuda. Las fracciones se refieren al mismo entero.

1.
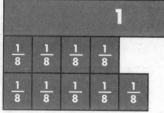

$\frac{4}{8} \bigcirc \frac{5}{8}$

2.

$\frac{3}{4} \bigcirc \frac{2}{4}$

3.
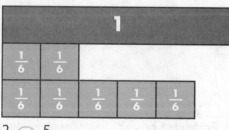

$\frac{2}{6} \bigcirc \frac{5}{6}$

4.

$\frac{1}{3} \bigcirc \frac{1}{3}$

5. $\frac{4}{8} \bigcirc \frac{4}{8}$

6. $\frac{2}{4} \bigcirc \frac{1}{4}$

7. $\frac{7}{8} \bigcirc \frac{1}{8}$

8. $\frac{2}{6} \bigcirc \frac{3}{6}$

9. $\frac{5}{6} \bigcirc \frac{5}{6}$

10. $\frac{1}{8} \bigcirc \frac{2}{8}$

11. $\frac{4}{6} \bigcirc \frac{2}{6}$

12. $\frac{1}{6} \bigcirc \frac{5}{6}$

13. Hacerlo con precisión Andrés usa tiras de fracciones para comparar fracciones. Usando los símbolos > y <, escribe dos comparaciones diferentes para las fracciones.

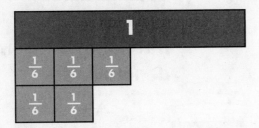

14. ¿Cómo puedes decidir qué fracción es mayor entre $\frac{5}{8}$ o $\frac{6}{8}$?

---

15. Sentido numérico Carol tiene 10 monedas. Dos monedas son monedas de 5¢, 6 son monedas de 1¢ y el resto son monedas de 10¢. ¿Qué valor tienen las monedas de Carol?

16. **Vocabulario** Escribe una fracción que tenga 6 en el *denominador*. Escribe una fracción equivalente que no tenga 6 en el denominador.

---

17. Razonamiento de orden superior Dibuja tiras de fracciones para mostrar las siguientes fracciones: $\frac{4}{6}$, $\frac{1}{6}$ y $\frac{5}{6}$. Luego, escribe las tres fracciones en orden de menor a mayor.

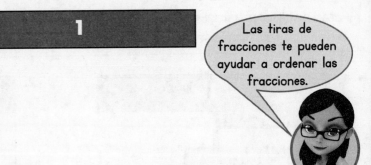

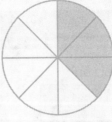

Las tiras de fracciones te pueden ayudar a ordenar las fracciones.

Práctica para la evaluación

18. Chris y Monique tienen dos pasteles del mismo tamaño, cada uno con 8 porciones iguales. Chris repartió 3 porciones. Monique repartió 4 porciones. Elige números y símbolos del recuadro para escribir una comparación de las fracciones de pastel que repartió cada uno.

Pastel de Chris   Pastel de Monique

2   3   4   6   8   <   >   =

Nombre _____

Práctica Herramientas

¡Revisemos!

Compara $\frac{1}{4}$ y $\frac{1}{3}$. $\frac{1}{4}$ ←—los mismos numeradores—→ $\frac{1}{3}$
←—diferentes denominadores—→

Práctica adicional 13-4

Usar modelos para comparar fracciones: El mismo numerador

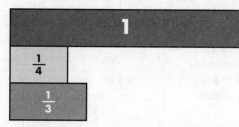

Puedes usar tiras de fracciones para representar y comparar fracciones con el mismo numerador. La tira de $\frac{1}{3}$ representa una parte más grande del entero.

La tira de $\frac{1}{4}$ no es tan larga como la tira de $\frac{1}{3}$. Estas fracciones tienen el mismo numerador, lo cual quiere decir que la fracción con el menor denominador es la mayor.

Por tanto, $\frac{1}{4} < \frac{1}{3}$.

Para **1** a **12**, compara. Escribe <, >, o =. Usa o dibuja tiras de fracciones como ayuda. Las fracciones corresponden al mismo entero.

1.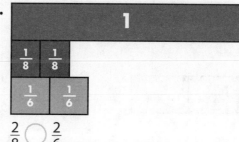

$\frac{3}{4} \bigcirc \frac{3}{8}$

2.

$\frac{2}{8} \bigcirc \frac{2}{6}$

3. 1

$\frac{4}{6} \bigcirc \frac{4}{6}$

4. 1

$\frac{2}{3} \bigcirc \frac{2}{8}$

5. $\frac{2}{3} \bigcirc \frac{2}{4}$ **6.** $\frac{1}{8} \bigcirc \frac{1}{4}$ **7.** $\frac{3}{6} \bigcirc \frac{3}{6}$ **8.** $\frac{1}{2} \bigcirc \frac{1}{3}$

9. $\frac{4}{4} \bigcirc \frac{4}{6}$ **10.** $\frac{2}{3} \bigcirc \frac{2}{6}$ **11.** $\frac{3}{4} \bigcirc \frac{3}{4}$ **12.** $\frac{6}{8} \bigcirc \frac{6}{6}$

13. Iván jugó básquetbol durante dos terceras partes de una hora el martes y dos cuartas partes de una hora el miércoles. ¿Qué día estuvo jugando más tiempo? Usa los símbolos >, <, or = para comparar.

Escribe cada fracción y luego compara.

14. Representar con modelos matemáticos En una excursión a la playa, José recolectó 64 conchas marinas. Su papá recolectó 57 y su mamá recolectó 73. ¿Cuántas conchas marinas recolectaron los padres de José? Completa el diagrama de barras para ayudarte a resolver el problema.

? conchas →
marinas
recolectadas
por los padres

57	

15. enVision® STEM La vida de una planta tiene diferentes etapas. Luz midió la longitud de una semilla de $\frac{1}{4}$ de pulgada. Sembró la semilla, que creció y se convirtió en una plántula de $\frac{3}{4}$ de pulgada. Usa las tiras de fracciones para comparar las dos fracciones. Escribe <, >, o =.

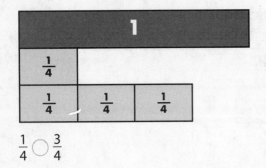

$\frac{1}{4} \bigcirc \frac{3}{4}$

16. Razonamiento de orden superior Hay 4 personas en la familia de Mitchell y 3 personas en la familia de Paul. Cada familia compra una bolsa de mezcla de nueces y frutas secas del mismo tamaño para repartirla por igual. ¿Quién recibe más mezcla de nueces y frutas secas: Mitchell o Paul? Razona sobre el tamaño de las fracciones para explicar cómo lo averiguaste.

17. Encierra en un círculo el sólido que tiene 2 superficies planas y 0 vértices. ¿Cómo se llama este sólido?

Práctica para la evaluación

18. Estas fracciones corresponden al mismo entero. ¿Cuáles de estas comparaciones son correctas? Selecciona todas las que apliquen.

☐ $\frac{3}{4} = \frac{3}{4}$

☐ $\frac{1}{6} < \frac{1}{4}$

☐ $\frac{5}{8} > \frac{5}{6}$

☐ $\frac{2}{8} = \frac{2}{3}$

☐ $\frac{4}{6} < \frac{4}{8}$

Nombre _____

¡Revisemos!

Compara $\frac{3}{8}$ y $\frac{7}{8}$.

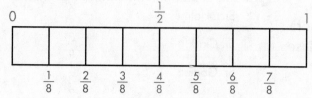

El denominador para cada fracción es 8. Usa los números de referencia 0, $\frac{1}{2}$ y 1 para razonar sobre los tamaños relativos de los numeradores de $\frac{3}{8}$ y $\frac{7}{8}$.

$\frac{1}{2}$ y $\frac{4}{8}$ son fracciones equivalentes. $\frac{3}{8}$ es menor que $\frac{4}{8}$ y está más cerca de 0.

$\frac{7}{8}$ es mayor que $\frac{4}{8}$ y está más cerca de 1. Por tanto, $\frac{3}{8}$ es menor que $\frac{7}{8}$.

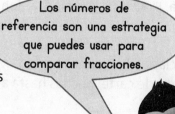

Los números de referencia son una estrategia que puedes usar para comparar fracciones.

Para **1** y **2**, escoge entre las fracciones $\frac{1}{3}$, $\frac{5}{6}$, $\frac{3}{4}$ y $\frac{3}{8}$.

1. ¿Qué fracciones están más cerca de 1 que de 0?

2. ¿Qué fracciones están más cerca de 0 que de 1?

3. Escribe dos fracciones con un denominador de 8 que estén más cerca de 0 que de 1.

4. Usa la fracción de referencia $\frac{1}{2}$ y las fracciones $\frac{1}{8}$ y $\frac{5}{8}$ para escribir tres enunciados de comparación.

Para **5** a **10**, usa una estrategia para comparar. Escribe $<$, $>$, o $=$.

5. $\frac{2}{6} \bigcirc \frac{2}{4}$

6. $\frac{1}{4} \bigcirc \frac{1}{8}$

7. $\frac{3}{6} \bigcirc \frac{5}{6}$

8. $\frac{2}{3} \bigcirc \frac{2}{3}$

9. $\frac{1}{6} \bigcirc \frac{1}{4}$

10. $\frac{3}{3} \bigcirc \frac{3}{8}$

11. Cada una de las clases del grado 3 de la escuela primaria Haines está haciendo un cartel. Los carteles son todos del mismo tamaño. La tabla muestra la parte del cartel que cada clase ha hecho hasta ahora. ¿Quién ha hecho la mayor fracción del cartel: la clase de la Sra. Holmes o la de la Sra. Johnson?

DATOS	Clases	Fracción de cartel por clase
	Sra. Holmes	$\frac{6}{8}$
	Sr. Clark	$\frac{3}{6}$
	Sr. Gómez	$\frac{1}{3}$
	Sra. Johnson	$\frac{7}{8}$
	Sra. Park	$\frac{3}{4}$

12. ¿En las clases de quiénes son equivalentes las fracciones de cartel hechas hasta ahora?

13. ¿En las clases de quiénes la fracción del cartel que está hecha está más cerca de 1 que de 0?

14. **Construir argumentos** ¿En la clase de quién la fracción del cartel que está hecha no está más cerca de 0 ni de 1? Usa números de referencia para explicar.

15. Usando los denominadores 2, 3, 6 u 8, escribe dos fracciones menores que 1. Luego, di si las fracciones están más cerca de 0 que de 1.

16. Natalia tenía 28 gomas de borrar y compartió algunas en partes iguales con 3 amigos. Le quedan 10 gomas de borrar. ¿Cuántas gomas de borrar le dio a cada amigo?

17. **Razonamiento de orden superior** Escribe dos fracciones usando los números de las tarjetas de la derecha. Una fracción debe estar más cerca de 0 que de 1. La otra fracción debe estar más cerca de 1 que de 0. Explica qué fracción cumple cada regla.

| 1 | 2 | 3 | 4 |

Práctica para la evaluación

18. Cada fracción de las comparaciones de la derecha corresponde al mismo entero. Usa fracciones de referencia para razonar sobre el tamaño de cada fracción. Elige todas las comparaciones correctas.

- ☐ $\frac{2}{8} = \frac{2}{4}$
- ☐ $\frac{2}{4} < \frac{2}{2}$
- ☐ $\frac{5}{8} > \frac{3}{8}$
- ☐ $\frac{3}{4} < \frac{2}{4}$
- ☐ $\frac{3}{6} > \frac{3}{4}$

Nombre _____

Práctica   Herramientas

¡Revisemos!

Ben tiene $\frac{1}{2}$ yarda de cuerda. John tiene $\frac{1}{3}$ de yarda de cuerda. ¿Quién tiene más cuerda?

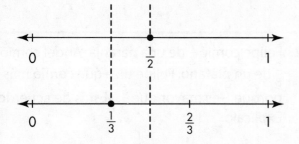

Escribe 0 y 1 en ambas rectas numéricas.

Divide la primera recta numérica en 2 partes iguales. Escribe $\frac{1}{2}$.

Divide la segunda recta numérica en 3 partes iguales. Escribe $\frac{1}{3}$.

$\frac{1}{2}$ está más lejos de cero que $\frac{1}{3}$.

Por tanto, $\frac{1}{2} > \frac{1}{3}$. Ben tiene más cuerda que John.

Una estrategia que puedes usar para comparar fracciones con diferentes denominadores es dibujar dos rectas numéricas de igual longitud.

Para **1** a **4**, usa las rectas numéricas para comparar las fracciones. Escribe >, <, o =.

1.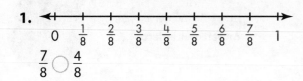

$\frac{7}{8} \bigcirc \frac{4}{8}$

2.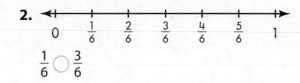

$\frac{1}{6} \bigcirc \frac{3}{6}$

3.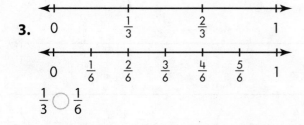

$\frac{1}{3} \bigcirc \frac{1}{6}$

4.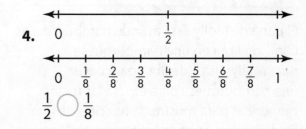

$\frac{1}{2} \bigcirc \frac{1}{8}$

Para **5** a **8**, compara las fracciones. Usa las rectas numéricas para ayudarte. Escribe >, <, o =.

5. $\frac{1}{4} \bigcirc \frac{1}{8}$

6. $\frac{3}{6} \bigcirc \frac{3}{4}$

7. $\frac{4}{8} \bigcirc \frac{4}{6}$

8. $\frac{2}{3} \bigcirc \frac{2}{4}$

9. Sentido numérico Ángela manejó 82 millas el lunes y 94 millas el martes. A la centena más cercana, ¿cuántas millas manejó Ángela en los dos días?

10. Tengo 4 lados. Las longitudes de todos mis lados son iguales. ¿Qué figura soy?

11. Hacerlo con precisión Dylan y Javier tienen cada uno la misma porción de verduras para la cena. Dylan terminó $\frac{2}{3}$ de sus verduras. Javier comió $\frac{2}{6}$ de su porción. ¿Quién comió más verduras? Dibuja dos rectas numéricas para justificar tu respuesta.

12. Felipe comió $\frac{7}{8}$ de una naranja. Ángel comió $\frac{5}{8}$ de un plátano. Felipe dice que comió más porque $\frac{7}{8}$ es mayor que $\frac{5}{8}$. ¿Estás de acuerdo? Explícalo.

13. Razonamiento de orden superior Unos amigos comparten una sandía. Simone come $\frac{2}{6}$ de la sandía. Ken come $\frac{3}{6}$ y Clara come el resto. Alex tiene una sandía del mismo tamaño de la compartida por sus amigos. Él come $\frac{5}{6}$ de su sandía. ¿Cuál de los amigos come la menor cantidad de sandía? Usa la recta numérica para resolver.

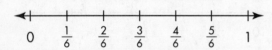

La recta numérica muestra el entero.

✓ Práctica para la evaluación

14. El papá de Molly está asando hamburguesas. Usa $\frac{1}{4}$ de libra en una hamburguesa para Molly. Usa $\frac{1}{3}$ de libra para hacer una hamburguesa para él. Usa las rectas numéricas para mostrar la fracción de una libra que usó en cada hamburguesa. Luego, selecciona los enunciados correctos que describan las fracciones.

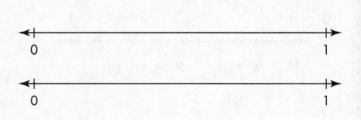

☐ $\frac{1}{4}$ es equivalente a $\frac{1}{3}$ porque las fracciones señalan el mismo punto.

☐ $\frac{1}{3}$ es mayor que $\frac{1}{4}$ porque está más lejos de cero.

☐ $\frac{1}{3}$ es menor que $\frac{1}{4}$ porque está más lejos de cero.

☐ $\frac{1}{4}$ es menor que $\frac{1}{3}$ porque está más cerca de cero.

☐ $\frac{1}{4}$ es mayor que $\frac{1}{3}$ porque está más cerca de cero.

Nombre _____

Práctica adicional 13-7
Números enteros y fracciones

¡Revisemos!

Los números enteros tienen nombres de fracciones equivalentes.

1 entero dividido en 1 parte igual se puede escribir como $\frac{1}{1}$.

2 enteros divididos cada uno en 1 parte igual se puede escribir como $\frac{2}{1}$.

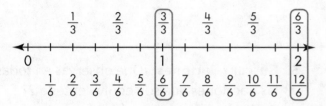

Esta recta numérica muestra otras fracciones equivalentes para 1 y 2. Puedes ver cuántas partes iguales forman 1 o 2 enteros.

$1 = \frac{1}{1} = \frac{3}{3} = \frac{6}{6}$

$2 = \frac{2}{1} = \frac{6}{3} = \frac{12}{6}$

> Puedes nombrar fracciones como números enteros y números enteros como fracciones.

Para **1** a **4**, completa cada recta numérica para nombrar todas las marcas o hacer marcas nuevas y nombrar las fracciones para el denominador dado.

1. Sextos
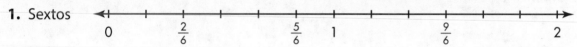

2. Tercios

3. Cuartos

4. Medios
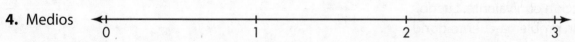

Para **5** a **8**, escribe dos fracciones equivalentes para cada número entero. Puedes dibujar rectas numéricas como ayuda.

5. $3 = \frac{\square}{1} = \frac{\square}{3}$

6. $2 = \frac{\square}{1} = \frac{\square}{4}$

7. $8 = \frac{\square}{1} = \frac{\square}{2}$

8. $1 = \frac{\square}{2} = \frac{\square}{3}$

Para **9** a **12**, escribe el número entero equivalente para cada par de fracciones.

9. $\frac{12}{3} = \frac{4}{1} =$

10. $\frac{18}{3} = \frac{6}{1} =$

11. $\frac{5}{5} = \frac{3}{3} =$

12. $\frac{15}{3} = \frac{5}{1} =$

13. Andy ganó $38 dólares el lunes y $34 el martes. ¿Cuántas plantas de bambú de la suerte puede comprar con el dinero que ganó en total?

Plantas de bambú de la suerte a $9 cada una

---

14. Julio dice: "Para convertir el número entero 3 en una fracción equivalente, solo pongo 3 bajo un numerador de 3". ¿Tiene razón? Explícalo.

15. Buscar relaciones ¿Qué observas en todas las fracciones que son equivalentes a 2? Explícalo y da un ejemplo.

---

16. La comida para niños en Happy Time Diner viene con una porción de manzana que es $\frac{1}{4}$ de una manzana entera. ¿Cuántas comidas para niños será necesario pedir para tener 3 manzanas enteras?

17. Kevin está vendiendo manzanas en el mercado. Él ordena 32 manzanas en una matriz con 4 filas. ¿Cuántas columnas de manzanas hay?

---

18. Razonamiento de orden superior Observa el diagrama de tiras de fracciones. Escribe el número entero que representa y el nombre de la fracción equivalente. Luego, escribe un problema-cuento donde el mismo número entero sea igual a la fracción.

1			1			1		
$\frac{1}{3}$	$\frac{1}{3}$	$\frac{1}{3}$	$\frac{1}{3}$	$\frac{1}{3}$	$\frac{1}{3}$	$\frac{1}{3}$	$\frac{1}{3}$	$\frac{1}{3}$

✅ **Práctica para la evaluación**

19. Completa las ecuaciones. Empareja las fracciones con su número entero equivalente.

	1	2	3	5
$\frac{2}{1} = \frac{4}{2} = ?$	☐	☐	☐	☐
$\frac{15}{3} = \frac{5}{1} = ?$	☐	☐	☐	☐
$\frac{9}{3} = \frac{12}{4} = ?$	☐	☐	☐	☐
$\frac{8}{8} = \frac{1}{1} = ?$	☐	☐	☐	☐

Nombre _____

¡Revisemos!

Tania y Jorge tienen peceras del mismo tamaño. Tania llena con agua $\frac{4}{6}$ de su pecera. Jorge llena con agua $\frac{3}{6}$ de su pecera.

Conjetura: Tania y Jorge vierten cada uno la misma cantidad de agua.

Di cómo puedes justificar la conjetura.

- Puedo usar números, objetos, dibujos o acciones para explicar.

- Puedo asegurarme de que mi argumento es sencillo, completo y fácil de entender.

Construye un argumento para justificar la conjetura.

Ambas fracciones corresponden al mismo entero. La recta numérica muestra sextos. Como $\frac{4}{6} > \frac{3}{6}$, Tania y Jorge no virtieron la misma cantidad de agua.

Cuando construyes un argumento, puedes explicar por qué tu trabajo es matemáticamente correcto.

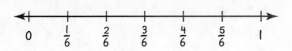

$$0 \quad \frac{1}{6} \quad \frac{2}{6} \quad \frac{3}{6} \quad \frac{4}{6} \quad \frac{5}{6} \quad 1$$

Construir argumentos El Sr. Duque trota $\frac{13}{8}$ de milla. La Sra. Duque trota $\frac{13}{6}$ de milla.

Conjetura: La distancia que trota la Sra. Duque es mayor que la del Sr. Duque.

1. ¿Cuáles son los elementos importantes a considerar para justificar una conjetura?

2. Construye un argumento para justificar la conjetura.

3. Explica otra manera de justificar la conjetura.

Batido de fruta
Liza halló una receta para un batido de fruta. Ella quiere saber si en el batido se encuentran cantidades iguales de algunos ingredientes.

Ingrediente	Tazas
Yogur de vainilla	$\frac{2}{8}$
Piñas	$\frac{2}{4}$
Plátanos	$\frac{2}{6}$
Fresas	$\frac{2}{2}$
Naranjas	$\frac{2}{3}$

DATOS

4. **Entender y perseverar** ¿Qué comparaciones necesitas hacer para hallar qué ingredientes del batido se encuentran en cantidades iguales?

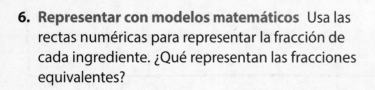

5. **Hacerlo con precisión** ¿Cuál es el entero para las fracciones de este problema? ¿Todas las fracciones corresponden al mismo entero?

6. **Representar con modelos matemáticos** Usa las rectas numéricas para representar la fracción de cada ingrediente. ¿Qué representan las fracciones equivalentes?

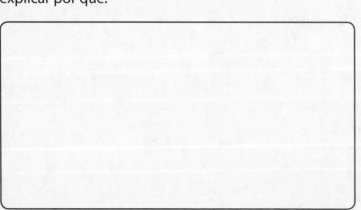

7. **Construir argumentos** ¿Algunos de los ingredientes se encuentran en igual cantidad en el batido? Construye un argumento matemático para explicar por qué.

> Diagramas como las rectas numéricas pueden ayudarte a construir argumentos.

Práctica   Herramientas

¡Revisemos!

Puedes decir la hora al minuto más cercano de diferentes maneras. La manecilla de la hora y el minutero del reloj muestran la hora.

Recuerda que debes hacerlo con precisión. Usa dibujos, palabras, números y símbolos para describir la hora y los minutos con exactitud.

En la manera digital esta hora se escribe como 10:15. También puedes escribir la misma hora como 15 minutos después de las 10.

Para **1** a **3**, escribe de dos maneras la hora que se muestra en cada reloj.

1.

2.

1:49

3.

Para **4** a **9**, escribe la hora en forma digital. Usa relojes como ayuda.

4. 12 minutos para el mediodía

5. 21 minutos después de las 2

6. 30 minutos después de las 9

7. 2 minutos después de las 7

8. 45 minutos para las 6

9. 4 en punto

10. Hacerlo con precisión La familia de Tonya fue al cine. La película comenzó a las 4:30 y terminó a las 6:36. Muestra en el reloj la hora en que terminó la película.

11. enVision® STEM El Telescopio Espacial Hubble se ha estado moviendo en su órbita por 1 hora. Dentro de 37 minutos completará una órbita. ¿Cuántos minutos le lleva al Telescopio Espacial Hubble completar 1 órbita?

12. Ross empezó a pasear su perro a las 3:15. Terminó de pasearlo a las 4:00. Usa la forma digital para escribir la hora en que Ross terminó de pasear al perro.

13. Razonamiento de orden superior John montó en bicicleta desde las 2:30 hasta las 3:30. Luego, se duchó. Terminó de ducharse 30 minutos después de que terminó de montar en bicicleta. ¿A qué hora terminó de ducharse? ¿Cómo mostrarías la hora en el reloj?

☑ **Práctica para la evaluación**

14. Judy y su familia fueron a la piscina a la hora que se muestra en el reloj. ¿Cuáles de las siguientes opciones son otras maneras de escribir esta hora? Escoge todas las que apliquen.

☐ 3:13

☐ 2:16

☐ 16 minutos después de las 2

☐ 44 minutos para las 4

☐ 13 minutos después de las 3

15. Phil lee una revista. Deja de leer a la hora que se muestra en el reloj. ¿Cuáles de las siguientes **NO** son otras maneras de escribir esta hora? Escoge todas las que apliquen.

☐ 20 minutos después de las 3

☐ 3:20

☐ 7 minutos después de las 4

☐ 4:07

☐ 20 minutos después de la 1

Nombre _____

¡Revisemos!

Un museo infantil abre todos los días desde la 1:00 *p. m.* hasta las 6:35 *p. m.* ¿Cuánto tiempo permanece abierto el museo?

Paso 1

Empieza con la hora inicial.

Paso 2

Cuenta las horas.

Hay 5 horas.

Paso 3

Cuenta los minutos.

Hay 35 minutos.

Usa una esfera de reloj para hallar el tiempo transcurrido.

El museo permanece abierto 5 horas y 35 minutos.

Para **1** a **6**, halla el tiempo transcurrido o la hora final. Puedes usar las esferas de los relojes o una recta numérica como ayuda.

1. Hora inicial: 3:30 *p. m.*
Hora final: 7:00 *p. m.*
Tiempo transcurrido:

_____

2. Hora inicial: 8:10 *a. m.*
Hora final: 10:55 *a. m.*
Tiempo transcurrido:

_____

3. Hora inicial: 3:20 *p. m.*
Hora final: 6:00 *p. m.*
Tiempo transcurrido:

_____

4. Hora inicial: 1:20 *p. m.*
Hora final: 2:00 *p. m.*
Tiempo transcurrido:

_____

5. Hora inicial: 8:00 *a. m.*
Tiempo transcurrido:
5 horas y 15 minutos
Hora final:

6. Hora inicial: 7:30 *a. m.*
Tiempo transcurrido:
2 horas y 20 minutos
Hora final:

7. Álgebra Mindy divide una tela de forma rectangular en 8 piezas de igual tamaño para dos proyectos de costura. Para el proyecto A, usará $\frac{1}{2}$ de la tela. Para el proyecto B, usará $\frac{1}{4}$ de la tela original. Dibuja un modelo para mostrar cómo se dividió la tela y los pedazos que se usarán. ¿Qué fracción unitaria representa uno de los pedazos? Escribe una ecuación para hallar la cantidad de tela que no usará Mindy. Sea t la fracción de tela que sobra.

Una fracción unitaria representa 1 parte igual del entero.

8. El lunes, Tanner dobló 569 camisetas y 274 pares de pantalones cortos en su trabajo. ¿Cuántas prendas dobló Tanner el lunes?

9. Entender y perseverar La película empieza a las 2:30 p. m. y termina a las 4:15 p. m. Después, Anne y sus amigas se van a comer helados desde las 4:30 p. m. hasta las 5:00 p. m. ¿Cuánto tiempo transcurre desde que empezó la película hasta que terminaron de comer helados?

10. El papá de Gary lo llevó a la práctica de fútbol a las 2:45 p. m. La mamá lo recogió a las 5:00 p. m. ¿Cuánto tiempo duró la práctica?

11. Razonamiento de orden superior Raquel asistió a un partido de vóleibol que empezó a las 9:30 a. m. y terminó a las 11:45 a. m. Raquel empezó a almorzar a las 12:00 p. m. y terminó a la 1:00 p. m. ¿Cuánto tiempo estuvo Raquel en el partido y almorzando?

☑ **Práctica para la evaluación**

12. El picnic empieza a las 12:10 p. m. Kevin llega a la 1:40 p. m. El picnic continúa hasta las 3 p. m. ¿Cuánto tiempo transcurrió desde que el picnic empezó hasta la hora en que llegó Kevin? Usa una recta numérica como ayuda.

12:10 p. m.
Comienza
el picnic

1:40 p. m.
Hora en que
llega Kevin

Ⓐ 30 minutos   Ⓑ 1 hora   Ⓒ 1 hora y 30 minutos   Ⓓ 2 horas

Nombre _____

Práctica   Herramientas

¡Revisemos!

Ted tiene asignadas 2 tareas. Le dedica 15 minutos a la tarea de matemáticas. Después, le dedica 38 minutos a la tarea de lectura. ¿Cuánto tiempo le dedica Ted a sus tareas?

Dibuja una recta numérica.

Muestra primero los minutos que Ted le dedica a su tarea de matemáticas. Después, suma los minutos que le dedica a la tarea de lectura.

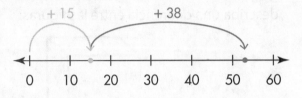

> Puedes sumar y restar intervalos de tiempo usando una recta numérica.

$15 + 38 = ?$
$15 + 38 = 53$. Por tanto, Ted dedica 53 minutos a hacer sus tareas.

Para **1** a **4**, completa o haz un diagrama de barras o una recta numérica para resolver.

1. Un autobús viaja 22 minutos de Greensburg a Pleasant Valley. Después viaja 16 minutos de Pleasant Valley a Red Mill. ¿Cuántos minutos viaja en total?

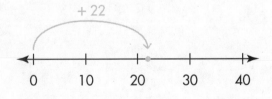

2. Iván necesita 35 minutos para limpiar su habitación. Hasta ahora él ha limpiado durante 11 minutos. ¿Cuántos minutos más necesita para terminar de limpiar?

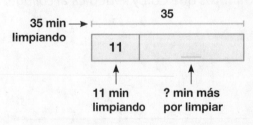

3. El plan de Jaime es dedicar 60 minutos diarios a practicar lanzamiento en béisbol. A Jaime le quedan 14 minutos de práctica hoy. ¿Cuántos minutos ha practicado Jaime hoy?

4. Margot es ayudante en un establo. Una mañana le dedica 26 minutos a cepillar un caballo. Ese mismo día le dedica 39 minutos a cepillar otro caballo. ¿Cuántos minutos en total le dedica ella a cepillar los caballos?

5. Entender y perseverar Un barbero les corta el pelo a 3 personas en 35 minutos. Cada corte de pelo dura por lo menos 10 minutos y el primer corte dura la mayor cantidad del tiempo. Escribe una manera en que el barbero puede cortar el pelo de 3 personas dada esta información.

6. **A-Z** **Vocabulario** Escribe un problema verbal que use la frase *intervalo de tiempo*.

7. Razonamiento de orden superior
El Sr. Maxwell dedica 34 minutos a trabajar en su jardín y 25 minutos a barrer las hojas. Su hijo le ayuda 10 minutos en el jardín y 15 minutos con el rastrillo. ¿Cuántos minutos trabaja el Sr. Maxwell cuando su hijo **NO** lo ayuda?

8. Lisa dibujó las siguientes dos figuras geométricas. Escribe un enunciado que describa una diferencia entre las figuras.

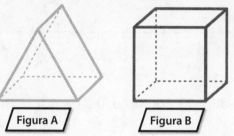

Figura A   Figura B

☑ Práctica para la evaluación

9. La clase de arte de Colby dura 50 minutos. Ella corta papel por 21 minutos y el resto del tiempo hace un *collage*. Usa la recta numérica y completa la tabla para mostrar la cantidad de minutos que Colby le dedica al *collage*.

10. Dennis pasó 39 minutos escribiendo en su diario y 43 minutos hablando con un amigo. Usa una recta numérica y completa la tabla para mostrar cuánto tiempo pasó Dennis escribiendo y hablando.

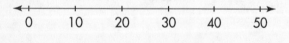

Actividad	Tiempo (min)
Cortar papel	21
Hacer un collage	
Total	

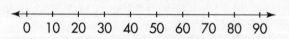

Actividad	Tiempo (min)
Escribir	39
Hablar	
Total	

Nombre _____

Práctica adicional 14-4
Estimar el volumen líquido

¡Revisemos!

Una unidad de capacidad del sistema métrico es el litro (L).

Un litro es un poco más grande que un cuarto.

Muchas bebidas se venden en botellas de 1 litro y de 2 litros.

La capacidad de esta botella es 2 L.

Para **1** a **12**, encierra en un círculo la mejor estimación para cada objeto.

1.

$\frac{1}{4}$ L o 35 L

2.

$\frac{1}{4}$ L o 10 L

3.

$\frac{1}{10}$ L o 1 L

4.

2 L o 20 L

5. Piscina pequeña

1 L o 85 L

6. Pecera

$\frac{1}{4}$ L o 6 L

7. Botella de agua pequeña

$\frac{1}{2}$ L o 5 L

8. Cucharón de sopa

$\frac{1}{4}$ L o 7 L

9. Envase pequeño de leche

$\frac{1}{4}$ L o 25 L

10. Lata de sopa

$\frac{1}{2}$ L o 5 L

11. Hielera

2 L o 20 L

12. Salero

$\frac{1}{4}$ L o 1 L

13. Escribe una estimación para la capacidad de un vaso de jugo. _____

14. Escribe una estimación para la capacidad de una jarra de agua. _____

15. (A-Z) **Vocabulario** Describe un litro.

16. Razonar La membresía a un gimnasio cuesta $19 mensuales. Si la Srta. Larco se inscribe por un año, ¿pagará más o menos de $190? Explica tu respuesta.

Para **17** y **18**, usa la cuadrícula de la derecha.

17. El área de un rectángulo es 16 unidades cuadradas. Usa la cuadrícula para dibujar el rectángulo. Después colorea el área. ¿Qué dimensiones tiene?

18. ¿Hay otro rectángulo que puedas dibujar en la cuadrícula que tenga un área de 16 unidades cuadradas? Si es así, ¿cuáles son las dimensiones? Dibújalo y coloréalo en la cuadrícula.

19. Halla un recipiente que creas que puede almacenar aproximadamente 2 litros de líquido. Usa un recipiente de un litro para medir y hallar la capacidad real de tu recipiente. Escribe lo que hallaste.

20. Razonamiento de orden superior Elsa tiene dos recipientes iguales. Llena uno con leche y el otro con agua. Si el primer recipiente contiene 10 L de leche, ¿cuánta agua contiene el segundo recipiente? ¿Cómo lo sabes?

 Práctica para la evaluación

21. ¿Qué recipiente **NO** tiene una capacidad cercana a 1 litro?

Ⓐ    Ⓑ    Ⓒ    Ⓓ

Nombre _____

¡Revisemos!

Un vaso de laboratorio de 1 litro se puede usar para medir la capacidad de otros recipientes.

La capacidad de la lata es $\frac{1}{2}$ litro.

La capacidad de la botella es 2 litros.

Para **1** a **6**, halla la capacidad total representada en cada imagen.

1.

_____

2.

_____

3.

_____

4.

_____

5.

_____

6.

_____

7. Representar con modelos matemáticos
La capacidad de una botella grande de pegamento es 8 litros. ¿Cuánto pegamento hay en 3 botellas grandes? Usa las matemáticas para representar y resolver el problema.

8. Meg cuenta 62 botellas de jugo de naranja en la tienda. Si cada botella contiene 2 litros, ¿cuántos litros de jugo de naranja hay en la tienda?

9. Tomás pide 210 litros de té helado para su restaurante. Sirve 115 litros de té helado. ¿Cuántos litros de té helado quedan?

10. Julia midió un envase de leche de 500 litros y vació 350 litros. Ella dice que le sobran más de 200 litros de leche. ¿Tiene razón? Explícalo.

11. Razonamiento de orden superior Algunas personas usan una tabla como la que se muestra como ayuda para decidir la cantidad de peces que pueden poner en sus peceras. Harrison tiene una pecera de 40 litros. ¿Cuántos peces de 4 cm puede poner en su pecera?

Longitud de los peces	Cantidad de agua por pez
1 centímetro	2 litros
2 centímetros	4 litros
3 centímetros	6 litros
4 centímetros	8 litros

DATOS

✓ **Práctica para la evaluación**

12. Benito hizo una jarra pequeña de jugo de frutas. Mezcló limonada con jugo de cerezas. Usa la ilustración para saber la cantidad de jugo que hizo Benito.

Ⓐ   1 litro

Ⓑ   3 litros

Ⓒ   9 litros

Ⓓ   20 litros

Limonada

Jugo de cerezas

Práctica   Herramientas

Práctica adicional 14-6
Estimar la masa

¡Revisemos!

Las unidades de masa incluyen los gramos (g)
y los kilogramos (kg).

1 kilogramo = 1,000 gramos

La masa es una medida de la cantidad de materia que hay en un objeto..

Un clip tiene una masa de
aproximadamente 1 gramo.

Un bate grande de madera tiene una masa
de aproximadamente 1 kilogramo.

Puedes hacer una estimación de la masa de diferentes objetos basándote en
la masa del clip y en la masa del bate.

Para **1** a **16**, encierra en un círculo la mejor estimación.

1.

150 g o 150 kg

2.

1 g o 100 g

3.

200 g o 2 kg

4.

15 g o 150 g

5. Pelota de fútbol

500 g o 5 kg

6. Tigre

30 kg o 300 kg

7. Moneda de 10¢

2 g o 2 kg

8. Guante de béisbol

100 g o 1 kg

9. Perro grande

400 g o 40 kg

10. Televisor de
pantalla plana

15 kg o 100 kg

11. Limón

100 g o 1 kg

12. Teléfono celular

150 g o 15 kg

13. Ancla

40 g o 40 kg

14. Calculadora

95 g o 1 kg

15. Camiseta

50 g o 300 g

16. Plato

300 g o 3 kg

17. **Usar herramientas apropiadas** Escoge la herramienta más apropiada para medir cada objeto. Escribe la letra de la herramienta en el espacio en blanco.

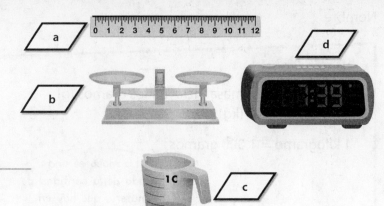

La masa de un durazno _____
La capacidad de un tazón _____
La hora en que terminas de desayunar _____
La longitud de un crayón _____

---

18. **enVision® STEM** La clase de ciencias hizo una estimación de la masa de objetos que se pueden levantar con un imán. El imán levanta 2 llaves y 1 llave inglesa. ¿Cuál es la estimación del total de la masa que el imán levantó?

Objeto	Masa estimada
Llave	30 g
Llave inglesa	350 g

19. Stan trabaja para una compañía de mudanzas. Tiene 36 cajas puestas en grupos iguales en 6 estantes. Haz un dibujo o un diagrama de barras para hallar cuántas cajas hay en cada estante.

---

20. **Razonamiento de orden superior** Rosa sabe que una moneda de 1 dólar tiene una masa de un poco menos de 10 gramos. Ella estima que 1 kilogramo de monedas equivaldría a más de un millón de dólares. ¿Es esto razonable? Explícalo.

21. Cody está pensando en un objeto que tiene una masa mayor que 1 gramo pero menor que 1 kg. Escribe dos objetos en los que Cody podría estar pensando.

⊘ **Práctica para la evaluación**

22. ¿Qué unidades métricas se deben usar para estimar la masa de una galleta?

Ⓐ Kilogramos   Ⓒ Litros

Ⓑ Gramos   Ⓓ Centímetros

23. Vimalesh piensa en un objeto con una masa mayor a 1 gramo pero menor a 1 kilogramo. ¿En qué objeto podría estar pensando Vimalesh?

Ⓐ Silla   Ⓒ Bolígrafo

Ⓑ Carro   Ⓓ Escalera

¡Revisemos!

Tanya estimó que una caja de clavos tiene una masa de 2 kilogramos. Luego, usó una balanza de platillos y pesas métricas para hallar la masa real.

Puedes usar el razonamiento para estimar y medir la masa de un objeto en gramos, kilogramos o en ambas unidades métricas:
1,000 gramos = 1 kilogramo.

Se equilibra una caja de clavos usando una pesa de 1 kilogramo, una de 500 gramos y cuatro de 100 gramos.

Por tanto, la masa de la caja de clavos es 1 kilogramo y 900 gramos, o 1900 gramos.

Para **1** a **6**, escribe el total de la masa representada en cada ilustración.

1.
1 kg   1 kg   500 g   100 g   100 g

2.
500 g   100 g   100 g   10 g   10 g   10 g   10 g

3.
1 kg   1 kg   1 kg

1 kg   1 kg   100 g

4.
1 kg   1 kg   100 g

10 g   10 g   10 g   1 g

5.
100 g   100 g   10 g   10 g

100 g   100 g   10 g   10 g

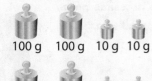
1 g   1 g   1 g   1 g   1 g   1 g

6.
1 kg   1 kg   1 kg   500 g

7. La Sra. Walker tiene 15 kilogramos de plastilina. Quiere repartirla por igual entre 3 estudiantes. ¿Cuál es la masa de la plastilina que recibe cada estudiante?

8. Razonamiento de orden superior
La perrita de Cecilia tuvo 6 cachorritos. Cada cachorro tiene una masa de casi 3 kilogramos. ¿Aproximadamente cuál es la masa de todos los cachorritos en kilogramos?

9. Willie tiene 4 gorras de béisbol. Tiene dos gorras azules, una roja y una verde. ¿Qué fracción de las gorras es azul?

10. Entender y perseverar Lynn llena cada una de tres bolsas con 2 kilogramos y 450 gramos de arena. ¿Es la masa de 2 bolsas mayor que o menor que 5 kilogramos? Explica cómo lo sabes.

11. Kenisha prepara 3 cajas de mercadería. Las cajas tienen una masa de 65 kilogramos, 72 kilogramos y 42 kilogramos. ¿Cuántos kilogramos de mercadería preparó Kenisha?

12. Una marca de carros usa 772 kilogramos de metal y 113 kilogramos de plástico para su fabricación. ¿Cuántos kilogramos de metal más que de plástico se usan?

☑ **Práctica para la evaluación**

13. Un zorrillo adulto tiene una masa de aproximadamente 6 kilogramos. Hay 5 cachorros de zorrillos en una camada. Los cachorros se quedan 8 meses en la camada hasta que crecen.
¿Cuál es la masa de 5 zorrillos adultos?

Puedes entender y perseverar identificando la información que necesitas para resolver el problema.

Ⓐ Aproximadamente 25 kilogramos

Ⓑ Aproximadamente 30 kilogramos

Ⓒ Aproximadamente 35 kilogramos

Ⓓ Aproximadamente 40 kilogramos

Nombre _____

¡Revisemos!

Puedes usar diferentes diagramas de barras para resolver un problema.

La Sra. Jones compró 35 litros de jugo para un picnic escolar. En el picnic cada clase bebió 5 litros. No sobró jugo. ¿Cuántas clases fueron al picnic?

Para hallar cuántas clases fueron al picnic puedes dividir 35 ÷ 5.

$35 \div 5 = 7$ Por tanto, 7 clases fueron al picnic.

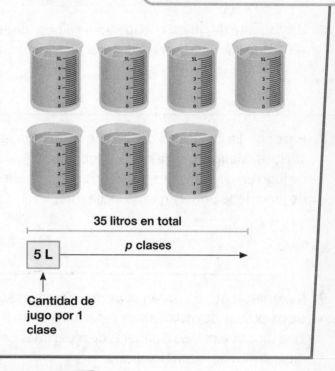

35 litros en total

| 5 L | p clases → |

↑
Cantidad de jugo por 1 clase

Para **1** y **2**, usa diagramas de barras o ecuaciones como ayuda para resolver el problema.

1. El perro de Frank tiene 42 kilogramos de masa y el de Dino tiene 39 kilogramos. ¿Cuánta masa tienen los dos en total?

2. Una bicicleta pequeña tiene 7 kilogramos de masa. El total de la masa de todas las bicicletas pequeñas de la Tienda de bicicletas Mike es 21 kilogramos. ¿Cuántas bicicletas pequeñas hay en la Tienda de bicicletas Mike?

3. Doris tiene 6 botiquines de primeros auxilios. Cada botiquín pesa 8 kilogramos. ¿Cuál es el total de la masa de todos los botiquines de Doris?

4. Cloe pintó 4 habitaciones de su casa. Usó 10 litros de pintura en cada habitación. ¿Cuántos litros en total usó Cloe?

Para **5** y **6**, usa la tabla de la derecha. Usa diagramas de barra o ecuaciones para ayudarte.

Grasa total (por porción)	
Alimento	**Cantidad de grasa (g)**
Queso cheddar	9
Jamón	2
Nueces	15

DATOS

5. ¿Cuál es el total de los gramos de grasa por porción del queso cheddar y de las nueces?

6. Un paquete de queso cheddar tiene 8 porciones. ¿Cuántos gramos de grasa en total tiene el paquete?

7. Razonar La capacidad de un tanque de jugo es 18 litros. Maggie quiere poner cantidades iguales de jugo en 6 recipientes pequeños. ¿Cuántos litros de jugo debe poner en cada recipiente?

8. Sentido numérico George está pensando en un número menor que 10 y cuyo producto es un número impar cuando se multiplica por 5. ¿En qué número está pensando George?

9. Razonamiento de orden superior Tina tiene 60 gramos de palomitas de maíz. Quiere repartirlas entre 3 amigas. Tina dice que hay dos maneras de repartirlas en cantidades iguales. ¿Tiene razón? Explícalo.

Piensa en las operaciones que puedes usar para resolver.

☑ **Práctica para la evaluación**

10. Salma usó un recipiente para recoger agua de lluvia durante una tormenta tropical. El lunes por la mañana había recogido 6 litros de lluvia. Durante el día, recogió tres litros más. El martes por la noche tenía 14 litros de lluvia en el recipiente. Muestra en los recipientes la cantidad de agua de lluvia que recogió por día. Luego, muestra cuánta agua más que el lunes recogió el martes.

Ⓐ 3 litros

Ⓒ 5 litros

Ⓑ 4 litros

Ⓓ 6 litros

Agua de lluvia el lunes

Agua de lluvia el martes

Nombre _____

¡Revisemos!

Natalie terminó de escuchar música a las 4:30 *p. m.* Natalie había estado escuchando música por 45 minutos. Antes de eso ella leyó por 15 minutos. Antes de ponerse a leer ella jugó al fútbol por 40 minutos. ¿A qué hora empezó Natalie a jugar al fútbol? Razona para resolverlo.

Di cómo puedes mostrar las relaciones que hay en el problema.

- Puedo identificar los tiempos y mostrarlos haciendo un dibujo.

- Puedo hallar el tiempo total que se necesita empezando por el final.

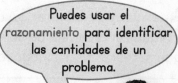

Puedes usar el razonamiento para identificar las cantidades de un problema.

Resuelve el problema y explica tu razonamiento.

Natalie empezó a las 2:50 *p. m.* Yo empecé por el final desde las 4:30 *p. m.* y usé una recta numérica para mostrar mi razonamiento.

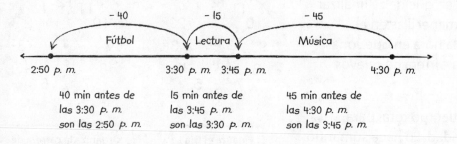

– 40	– 15	– 45
Fútbol	Lectura	Música

2:50 *p. m.*   3:30 *p. m.*   3:45 *p. m.*   4:30 *p. m.*

40 min antes de las 3:30 *p. m.* son las 2:50 *p. m.*

15 min antes de las 3:45 *p. m.* son las 3:30 *p. m.*

45 min antes de las 4:30 *p. m.* son las 3:45 *p. m.*

Razonar

Dino llega a la oficina de su mamá a las 11:00 *a. m.* Le llevó 30 minutos caminar desde la casa hasta el centro comercial donde estuvo por 45 minutos. Le llevó 15 minutos caminar desde el centro comercial hasta la oficina. ¿A qué hora salió de la casa?

1. Describe las cantidades que conoces.

2. Di cómo puedes mostrar las relaciones que hay en el problema.

3. Resuelve el problema y explica tu razonamiento. Puedes usar un dibujo como ayuda.

Día de campo

Jonás está organizando un Día de campo en su escuela. La tabla muestra el orden de las actividades y el tiempo de cada una. Se necesitan 10 minutos para organizar cada actividad antes de que empiece. Los estudiantes almorzarán a las 12:00 p. m. y el Día de campo debe finalizar a las 2:35 p. m.

Actividad	Tiempo en minutos
Tira y afloja	20
Tragabolas	15
Carrera de relevos con huevos	20
Carrera de 800 metros	10

DATOS

4. **Entender y perseverar** ¿A qué hora debe empezar Jonás a organizar la carrera de 800 yardas? Escribe la información que necesitas usar y luego resuelve.

5. **Representar con modelos matemáticos** El primer reloj muestra la hora en que debe finalizar el Día de campo. Dibuja las manecillas en el segundo reloj para mostrar la hora en que Jonás debe empezar a organizar la carrera de relevos con huevos.

Finaliza el Día de campo

Organiza la carrera de relevos con huevos

6. **Generalizar** Jonás halla el tiempo total para organizar y hacer cada actividad. Lo hace sumando la misma cantidad de tiempo al tiempo de cada actividad. ¿Qué número les suma? Explícalo.

Usa tu razonamiento para entender qué números te ayudan a resolver el problema.

7. **Razonar** ¿A qué hora debe empezar el Día de campo con la organización del juego Tira y afloja? Explícalo.

Nombre _____

¡Revisemos!

Algunos cuadriláteros tienen nombres especiales debido a sus lados. Otros cuadriláteros tienen nombres especiales debido a sus ángulos. A continuación se muestran algunos ejemplos.

El mismo polígono puede tener más de un nombre.

Paralelogramo
Los lados opuestos tienen igual longitud

Rectángulo
Paralelogramo con 4 ángulos rectos

Rombo
Paralelogramo con 4 lados iguales

Cuadrado
Rombo con 4 ángulos rectos

Trapecio
Exactamente 1 par de lados que nunca se cruzan

Para **1** a **4**, lee la descripción y encierra en un círculo el cuadrilátero correcto. Escribe el nombre.

1. Tengo 4 ángulos rectos y todos mis lados tienen la misma longitud. Soy un _____.

2. Tengo exactamente 1 par de lados que nunca se cruzan. Soy un _____.

3. Tengo 4 ángulos rectos, pero solo mis lados opuestos son iguales. Soy un _____.

4. Tengo todos los lados de la misma longitud, pero no tengo ángulos rectos. Soy un

_____.

5. ¿Un trapecio es también un paralelogramo? Explica por qué.

_____

_____

6. Christine dibuja la siguiente figura. Madison cambia la figura de Christine para que tenga todos los lados y todos los ángulos iguales. ¿Qué figura hizo Madison?

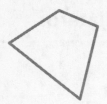

7. Hay 20 tajadas en un pan. ¿Cuántos sándwiches de 2 tajadas puedes hacer con 1 pan? Escribe una multiplicación y una división que podrías usar para resolver este problema.

8. **enVision®** STEM Mari empujó una caja con forma de cubo para explorar la fuerza y examinó los atributos de la caja. ¿Una cara de la caja tiene un ángulo recto? Explícalo.

9. **Hacerlo con precisión** El Sr. Rojas pidió a sus estudiantes que dibujaran un cuadrilátero cóncavo con 4 lados desiguales. Dibuja un ejemplo de esta clase de cuadrilátero.

Para **10** y **11**, usa la figura de la derecha.

10. **Razonamiento de orden superior** Melissa dibujó la figura de la derecha. ¿Qué dos cuadriláteros usó para dibujar la figura? Traza una línea para dividir la figura en dos cuadriláteros.

11. Imagina que Melissa volvió a dibujar la figura girándola sobre un lado. ¿Cambiarían los nombres de los cuadriláteros que usó? Explícalo.

 Práctica para la evaluación

12. Un cuadrado y un rectángulo se muestran a la derecha. ¿Qué características tienen siempre en común estas figuras? Escoge todas las que apliquen.

☐ Cantidad de lados

☐ Medida de los ángulos

☐ Cantidad de ángulos

☐ Longitud de los lados

☐ Ángulos rectos

Práctica   Herramientas

¡Revisemos!

¿Qué atributo tienen en común estas dos figuras?

¿Qué otra figura comparte este atributo?

 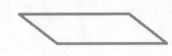

El rombo tiene 2 pares de lados de igual longitud.

El paralelogramo también tiene 2 pares de lados de igual longitud.

Un rectángulo también tiene 2 pares de lados de igual longitud.

Piensa sobre los atributos que pueden tener las figuras. ¿Qué atributos comparten estas figuras?

Para **1** a **3**, usa los siguientes grupos.

Grupo 1

Grupo 2

1. ¿En qué se diferencian las figuras del grupo 1 de las figuras del grupo 2?

2. ¿En qué se parecen los dos grupos?

3. ¿A qué grupo de polígonos pertenecen todas las figuras?

4. Dibuja una figura que no sea un cuadrado ni cóncava.

5. Dibuja una figura que no sea un trapecio ni tenga un ángulo recto.

6. Frida clasificó polígonos. El grupo 1 era solo de cuadrados. El grupo 2 era de rectángulos que no eran cuadrados. Frida dijo que todas las figuras eran paralelogramos. Sam dijo que todas las figuras eran cuadriláteros. ¿Quién tiene razón? ¿Por qué?

7. **Hacerlo con precisión** ¿Puedes dibujar un cuadrado que **NO** sea un rombo? Explícalo.

8. **Sentido numérico** Un casco de bicicleta tiene una masa de 285 gramos. Elena dice que es de aproximadamente 300 gramos. ¿Su estimación es mayor que, menor que o igual a la masa real?

9. **Vocabulario** Define *figura convexa*. Dibuja una figura convexa.

10. **Razonamiento de orden superior** Heidi hace 3 grupos de figuras. ¿A qué grupo más grande pertenecen las figuras de A y B? ¿A qué grupo más grande pertenecen las figuras de A y C? ¿A qué grupo más grande pertenecen las figuras de B y C?

Grupo A   **Grupo B**

Grupo C

Práctica para la evaluación

11. ¿Qué figura es a la vez un cuadrilátero y un rectángulo?

   Ⓐ Rombo

   Ⓑ Paralelogramo

   Ⓒ Cuadrado

   Ⓓ Trapecio

12. ¿Qué figura podría clasificarse como cuadrilátero y como paralelogramo?

   Ⓐ Hexágono

   Ⓑ Triángulo

   Ⓒ Rombo

   Ⓓ Trapecio

Nombre _____

Práctica adicional 15-3
Analizar y comparar cuadriláteros

¡Revisemos!

Escribe todos los nombres y atributos de un cuadrado.

Un cuadrado es un cuadrilátero.
Tiene 4 lados.

Un cuadrado es un paralelogramo.
Sus lados opuestos tienen la misma longitud.

Un cuadrado es un rectángulo.
Tiene 4 ángulos rectos y sus lados opuestos tienen la misma longitud.

Un cuadrado es un rombo.
Tiene 4 lados de la misma longitud.

Puedes usar la estructura para analizar y comparar los atributos de un cuadrado con otros polígonos.

Para **1** a **6**, haz una lista de todos los polígonos que están a la derecha y se ajustan a la descripción. Si no es un polígono, di por qué.

1. Es un cuadrado.

2. Tiene al menos un ángulo recto pero no es un cuadrado.

3. No tiene lados de la misma longitud.

4. Es un cuadrado pero no es un rectángulo.

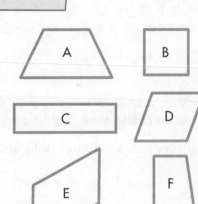

5. Es un paralelogramo pero no es un rectángulo.

6. Es un rectángulo que no tiene ángulos del mismo tamaño.

7. Evaluar el razonamiento Mary dice que puede cortar un paralelogramo a lo largo de su diagonal y obtener dos pedazos del mismo tamaño e igual figura. Larry dice que no se pueden cortar los paralelogramos así. ¿Quién tiene razón? Explica tu razonamiento.

---

8. ¿En qué se parecen y en qué se diferencian todos los polígonos del mosaico?

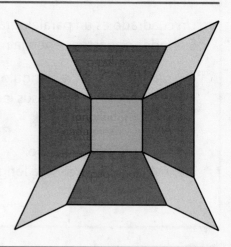

---

9. Razonamiento de orden superior ¿Puedes crear un mosaico usando el siguiente cuadrilátero? El mosaico no debe tener ningún espacio ni superposiciones. Dibuja el mosaico o di por qué no puedes crearlo.

✓ **Práctica para la evaluación**

10. Observa los siguientes polígonos.

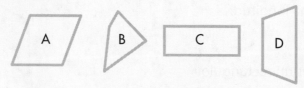

A   B   C   D

Parte A

Nombra al menos 2 atributos que comparten A y C.

Parte B

Di en qué se diferencia B de los otros 3 polígonos.

Práctica   Herramientas

¡Revisemos!

Yoshy piensa en un cuadrilátero. Los 4 lados tienen la misma longitud y la figura no tiene ángulos rectos. Observa las siguientes figuras. ¿En qué figura está pensando Yoshi?

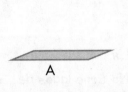
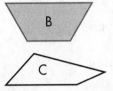

Di cómo puedes resolver el problema con precisión.

- Puedo usar correctamente la información dada.

- Puedo hacer dibujos para identificar las posibles respuestas.

- Puedo decidir si mi respuesta es clara y apropiada.

Hazlo con precisión mientras resuelves el problema.

Todas las figuras son cuadriláteros. A, D, E y F son paralelogramos. A y E no tienen 4 lados de la misma longitud. D y F son rombos. F es un rombo cuadrado con 4 ángulos rectos. El rombo D es el único cuadrilátero que se ajusta a todas las pistas.

> Asegúrate de hacerlo con precisión cuando analices y compares la figura de Yoshi con las figuras del dibujo.

Hacerlo con precisión

Jacob hizo un banderín con la figura de un polígono que cumple las reglas de la derecha. ¿Qué figura pudo haber hecho Jacob?

- Es un cuadrilátero.
- Los lados opuestos tienen la misma longitud.
- Dos lados son más largos que los otros dos.

1. ¿Qué palabras y números de matemáticas son importantes en este problema?

2. Dibuja y nombra una figura que se ajuste a la descripción del banderín de Jacob.

3. ¿Cómo compruebas para asegurarte de que tu respuesta es clara y correcta?

El juego de los nombres

Los estudiantes de la clase del Sr. Kuan juegan en parejas al Juego de los nombres. Se da a un miembro del equipo una lista de los atributos y debe dibujar una figura que corresponda a la descripción. El miembro del otro equipo debe dar el nombre de la figura. Gana la primera pareja que complete la tarea.

A Wilfredo le entregaron la lista con la información de la derecha.

Él dibujó una figura y su compañera, Olivia, la nombró. ¿Qué figura dibujó Wilfredo? Para resolver el problema responde los Ejercicios **4** a **7**.

- Un cuadrilátero
- No tiene lados de igual longitud
- 2 ángulos rectos

4. Entender y perseverar ¿Qué se te pide que hagas? ¿Qué puedes hacer para perseverar cuando resuelves el problema?

5. Hacerlo con precisión ¿Qué términos y números de matemáticas pueden ayudarte a resolver el problema?

Presta atención a la precisión identificando las palabras y los números que te pueden ayudar a resolver el problema.

6. Usar la estructura ¿Qué sabes sobre un cuadrilátero? Usa lo que sabes para dibujar y nombrar la figura que se ajuste a la información de la lista.

7. Construir argumentos ¿Hay más de una manera posible de que Wilfredo dibuje la figura? Explícalo.

Práctica   Herramientas

¡Revisemos!

¿Cuál es el perímetro de la figura?

Suma las longitudes de los lados.

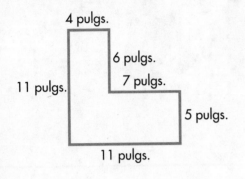

El perímetro es la distancia alrededor de una figura.

$4 + 6 + 7 + 5 + 11 + 11 = 44$

El perímetro de la figura es 44 pulgadas.

Práctica al nivel Para **1** a **3**, halla el perímetro de cada polígono.

1.

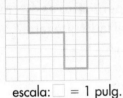

escala: ☐ = 1 pulg.

2.

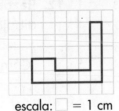

escala: ☐ = 1 cm

3.

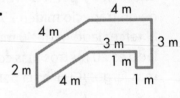

Para **4** a **6**, dibuja una figura que tenga el perímetro dado.

4. 12 unidades

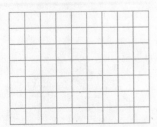

5. 18 unidades

6. 22 unidades

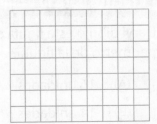

7. Rosa tiene un jardín en forma de paralelogramo. Dice que puede hallar el perímetro de su jardín si suma los 2 lados y duplica el resultado de la suma. ¿Tiene razón? ¿Por qué?

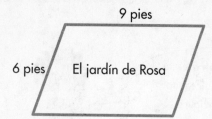

9 pies

6 pies · El jardín de Rosa

8. Mayi compró 12 sombreros. ¿A qué sólido se parecen? ¿Qué atributos te ayudaron a decidirlo?

9. (A-Z) **Vocabulario** Explica la diferencia entre perímetro y área.

10. Una figura plana tiene 2 lados de 5 pulgadas cada uno y 2 lados de 3 pulgadas cada uno. ¿Cuál es el perímetro de la figura plana?

11. Entender y perserverar Dos de los lados de un trapecio miden 25 metros cada uno. El tercer lado mide 40 metros. El cuarto lado es 20 metros más corto que el lado más largo. ¿Cuál es el perímetro? Explícalo.

12. Razonamiento de orden superior Ming dibujó esta figura. Su perímetro es 47 cm. ¿Cuál es la longitud del lado que falta? ¿Cómo puedes hallarla?

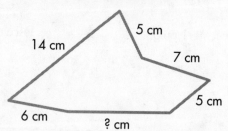

5 cm

14 cm

7 cm

5 cm

6 cm

? cm

Práctica para la evaluación

13. Daryl dibujó esta figura en papel cuadriculado. ¿Cuál es el perímetro de la figura?

Ⓐ 16 unidades

Ⓑ 14 unidades

Ⓒ 12 unidades

Ⓓ 10 unidades

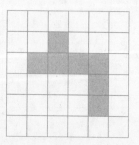

Nombre _____

¡Revisemos!

Usa los atributos de estas figuras comunes para hallar la longitud de los lados que faltan. Luego, halla los perímetros.

Rectángulo

Los lados opuestos tienen la misma longitud.

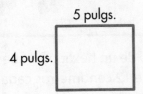

5 pulgs.

4 pulgs.

$(4 \times 2) + (5 \times 2) = 18$ pulgs.

Cuadrado

Los 4 lados tienen la misma longitud.

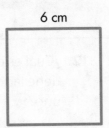

6 cm

$6 \times 4 = 24$ cm

Triángulo equilátero

Los 3 lados tienen la misma longitud.

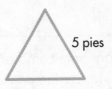

5 pies

$5 \times 3 = 15$ pies

Puedes usar los atributos de los polígonos como ayuda para hallar los perímetros.

Para **1** a **9**, halla el perímetro de cada polígono.

1. Cuadrado

4 cm

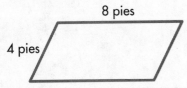

2. Rectángulo

5 m

2 m

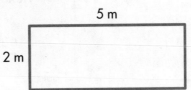

3. Triángulo equilátero

3 pulgs.

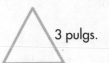

4. Paralelogramo

8 pies

4 pies

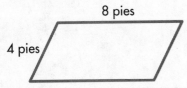

5. Rectángulo

6 pies

5 pies

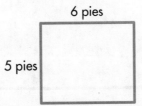

6. Triángulo equilátero

2 pulgs.

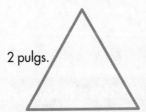

7. Triángulo equilátero

1 pie

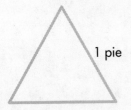

8. Cuadrado

2 cm

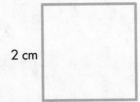

9. Rectángulo

2 pulgs.

4 pulgs.

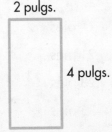

10. Razonar La distancia alrededor de este laberinto es igual al perímetro de un rectángulo. El dibujo muestra los lados del rectángulo. ¿Cuál es el perímetro del laberinto? ¿Cómo hallaste la respuesta?

95 pies

88 pies

11. Álgebra Paolo gana $4 por hora como tutor. Ganó $28 la semana pasada. Escribe una ecuación usando *h* para representar las horas que trabajó como tutor. Luego, resuelve la ecuación.

12. ¿Cuál es el perímetro de un hexágono que tiene lados iguales de 12 centímetros cada uno?

13. enVision® STEM La laguna es el hábitat natural de muchos tipos de plantas y animales. María pone una cerca alrededor de su laguna. ¿Cuál es el perímetro de la cerca? Muestra tu trabajo.

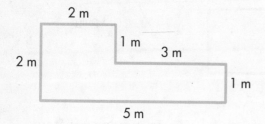

2 m

1 m

3 m

2 m

1 m

5 m

14. Razonamiento de orden superior Pedro pone uno al lado del otro los lados de 5 pulgadas de estos trapecios para formar un hexágono. ¿Cuál es el perímetro del hexágono? Explica cómo lo sabes.

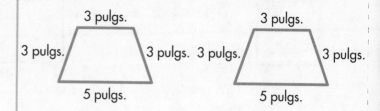

3 pulgs.

3 pulgs.

3 pulgs.

3 pulgs.

3 pulgs.

3 pulgs.

5 pulgs.

5 pulgs.

15. Nina dibuja un pentágono con lados de 7 pies de longitud. ¿Cuál es el perímetro, en pies, del pentágono de Nina?

Ⓐ 14 pies

Ⓑ 21 pies

Ⓒ 28 pies

Ⓓ 35 pies

16. Debra dibuja un cuadrado. Uno de sus lados mide 10 metros. ¿Cuál es el perímetro del cuadrado de Debra?

Ⓐ 10 metros

Ⓑ 20 metros

Ⓒ 40 metros

Ⓓ 80 metros

Nombre _____

Práctica adicional 16-3
Perímetro y longitudes de lado desconocidas

¡Revisemos!

Si conoces el perímetro de un polígono y las longitudes de todos sus lados menos uno, puedes hallar la longitud de lado desconocida.

El perímetro del triángulo es 14 metros. Otra manera de hallar el perímetro es sumando la longitud de sus lados.

$5 + 6 + l =$ perímetro

Por tanto, $5 + 6 + l = 14$

$\qquad 11 + l = 14$

Dado que $11 + 3 = 14$, $l = 3$ y la longitud de lado desconocida es 3 metros.

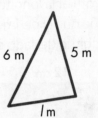

6 m   5 m l m

Para **1** a **6**, halla la longitud de lado desconocida de cada polígono.

1. perímetro = 29 cm

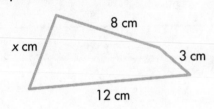

8 cm
x cm
3 cm
12 cm

2. perímetro = 55 pies

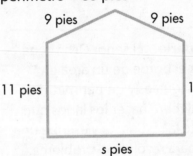

9 pies   9 pies
11 pies   11 pies
s pies

3. perímetro = 30 pulgs.

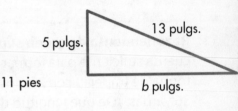

13 pulgs.
5 pulgs.
b pulgs.

4. perímetro = 35 cm

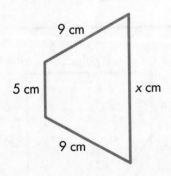

9 cm
5 cm x cm
9 cm

5. perímetro = 22 pies

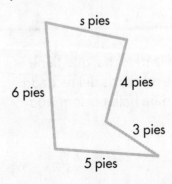

s pies
4 pies
6 pies
3 pies
5 pies

6. perímetro = 48 mm

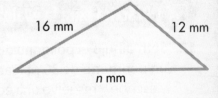

16 mm   12 mm
n mm

7. Razonar Un rectángulo tiene un perímetro de 40 centímetros. Uno de sus lados mide 12 centímetros. ¿Cuáles son las longitudes de los otros 3 lados? Explícalo.

8. Un cuadrado tiene un perímetro de 36 centímetros. ¿Cuál es la longitud de cada lado? Explica tu respuesta.

9. Trini midió los lados de la figura que dibujó. Se olvidó de rotular la longitud de uno de ellos, pero sabe que el perímetro tiene 40 cm. ¿Cuál es la longitud del lado que falta?

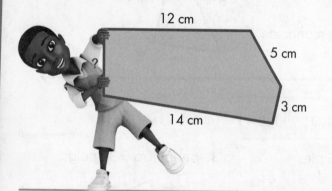

12 cm
5 cm
3 cm
14 cm

10. Arturo está colocando 18 borradores en filas iguales. Él dice que habrá más borradores en 2 filas iguales que en 3 filas iguales. ¿Tiene razón Arturo? Explícalo.

11. Razonamiento de orden superior El señor Ortiz tiene cuerda suficiente para formar el borde de un área en forma de trapecio con 2 lados iguales y un perímetro de 36 yardas. ¿De qué longitud deberá hacer los lados que faltan? Describe cómo hallaste la respuesta y escribe una ecuación que se pueda usar para resolver el problema.

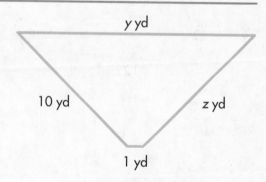

y yd
10 yd
z yd
1 yd

12. Seth dibujó el polígono que está a la derecha, que tiene un perímetro de 30 pulgadas. Elige números del recuadro y escribe y resuelve una ecuación para hallar la longitud del lado que falta.

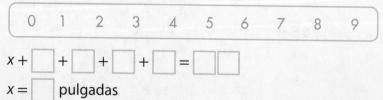

0   1   2   3   4   5   6   7   8   9

$x + \square + \square + \square + \square = \square\square$

$x = \square$ pulgadas

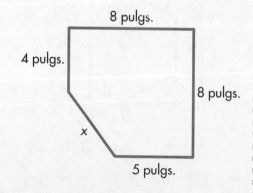

8 pulgs.
4 pulgs.
8 pulgs.
x
5 pulgs.

Práctica   Herramientas

¡Revisemos!

Los rectángulos con áreas diferentes pueden tener el mismo perímetro. Observa los siguientes rectángulos.

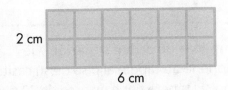

2 cm

6 cm

$A = 2 \times 6$
$A = 12$ cm cuadrados

$P = 6 + 2 + 6 + 2$
$P = 16$ cm

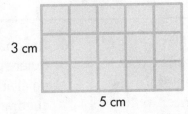

3 cm

5 cm

$A = 3 \times 5$
$A = 15$ cm cuadrados

$P = 5 + 3 + 5 + 3$
$P = 16$ cm

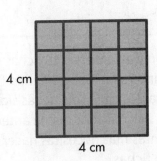

4 cm

4 cm

$A = 4 \times 4$
$A = 16$ cm cuadrados

$P = 4 + 4 + 4 + 4$
$P = 16$ cm

Cada uno de estos rectángulos tiene un área diferente. Pero todos tienen el mismo perímetro.

Para **1** a **4**, usa papel cuadriculado para dibujar dos rectángulos diferentes con los perímetros dados. Indica las dimensiones y el área de cada rectángulo. Encierra en un círculo el que tenga mayor área.

1. 12 metros

2. 28 pulgadas

3. 20 pies

4. 24 centímetros

Práctica al nivel Para **5** a **7**, escribe las dimensiones de un rectángulo diferente con el mismo perímetro del que se muestra. Luego, indica qué rectángulo tiene mayor área.

5.

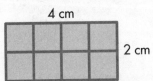

4 cm

2 cm

6.

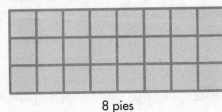

8 pies

3 pies

7.

8 pulgs.

10 pulgs.

8. Entender y perseverar Luis hizo un jardín en forma de rectángulo con un área de 36 pies cuadrados. Explica cómo puedes hallar el perímetro del jardín.

4 pies

---

9. Supón que ordenas 48 fichas en filas. La primera fila tiene 3 fichas. Después de esa fila, cada una de las siguientes tiene 2 fichas más que la anterior. ¿Cuántas filas necesitas hacer para usar las 48 fichas?

10. **Razonamiento de orden superior** Ale quiere ponerle un tapete al piso de su casita en el árbol. El tapete tiene un área de 72 pies cuadrados. Su casita en el árbol mide 8 pies por 8 pies. ¿Hay suficiente espacio en la casita en el árbol para ese tapete? ¿Cómo lo sabes?

 Práctica para la evaluación

11. Marisol dibuja un rectángulo de 12 pulgadas de longitud y 6 pulgadas de ancho. Escoge todos los rectángulos que tienen el mismo perímetro que el de Marisol.

☐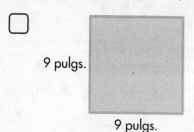

9 pulgs.

9 pulgs.

☐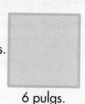

6 pulgs.

6 pulgs.

☐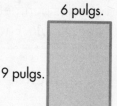

6 pulgs.

9 pulgs.

☐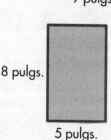

8 pulgs.

5 pulgs.

☐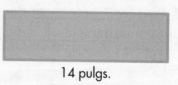

4 pulgs.

14 pulgs.

12. Escoge todas las dimensiones de rectángulos que tengan un área de 36 cm cuadrados.

☐ $\ell = 9$ cm, $a = 4$ cm   ☐ $\ell = 6$ cm, $a = 6$ cm   ☐ $\ell = 4$ cm, $a = 6$ cm

☐ $\ell = 4$ cm, $a = 9$ cm   ☐ $\ell = 3$ cm, $a = 10$ cm

Nombre _____

Práctica   Herramientas

Práctica
adicional 16-5
La misma área
con un perímetro
diferente

¡Revisemos!

Felipe tiene 18 fichas cuadradas con lados de
1 pie. Él usa las fichas para hacer 3 rectángulos
diferentes. Cada rectángulo tiene un área de 18
pies cuadrados. ¿Qué rectángulos puede hacer?
¿Cuál es el perímetro de cada rectángulo?

Puedes usar papel
cuadriculado o fichas de colores
para mostrar cada rectángulo
y como ayuda para hallar
su perímetro.

Rectángulo 1

1 fila de 18 fichas
$A = 1 \times 18 = 18$ pies cuadrados

Halla el perímetro:
$P = (2 \times 18) + (2 \times 1)$
$P = 36 + 2 = 38$ pies

Rectángulo 2

3 filas de 6 fichas
$A = 3 \times 6 = 18$ pies cuadrados

Halla el perímetro:
$P = (2 \times 6) + (2 \times 3)$
$P = 12 + 6 = 18$ pies

Rectángulo 3

2 filas de 9 fichas
$A = 2 \times 9 = 18$ pies cuadrados

Halla el perímetro:
$P = (2 \times 9) + (2 \times 2)$
$P = 18 + 4 = 22$ pies

Práctica al nivel Para **1** a **4**, escribe las dimensiones de un rectángulo diferente que tenga
la misma área del que se muestra. Luego, indica cuál tiene menor perímetro.

1.

4 cm

6 cm

2.

6 pies

5 pies

3.

4 m

4 m

4.

10 pies

10 pies

5. Wes tiene 20 pies de cerca para jardín. Si quiere que el lado más corto de su jardín sea 3 pies o más largo, ¿qué rectángulos puede hacer?

Puedes hacer un dibujo para resolver el problema.

6. Mai dibujó el diseño que se muestra a continuación. Cada rectángulo del diseño tiene la misma área. ¿Cada rectángulo es qué fracción del área del diseño completo?

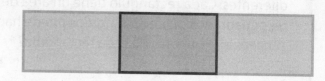

7. Razonar Mari tiene 39 pies cuadrados de ladrillos para poner alrededor del borde de un jardín rectangular. Los lados de cada ladrillo cuadrado son de 1 pie. ¿Cuál es el mayor perímetro de un rectángulo que ella puede hacer con los ladrillos?

8. **A-Z** **Vocabulario** Yolanda empezó a hacer su proyecto de arte a las 9:00 *a. m.* y lo terminó a las 9:50 *a. m.* El _____ en el proyecto fue 50 minutos.

9. Razonamiento de orden superior El área de un rectángulo es 100 pulgadas cuadradas. El perímetro del rectángulo es 40 pulgadas. Un segundo rectángulo tiene la misma área pero un perímetro diferente. ¿El segundo rectángulo es un cuadrado? Explícalo.

Piensa:
¿Qué multiplicación que conoces tiene un producto de 100?

☑ **Práctica para la evaluación**

10. Vimalesh dibuja un rectángulo de 5 pulgadas de ancho por 6 pulgadas de alto. ¿Cuál de los siguientes rectángulos tiene la misma área pero un perímetro diferente?

Ⓐ
10 pulgs.
3 pulgs.

Ⓒ
8 pulgs.
4 pulgs.

Ⓑ
5 pulgs.
7 pulgs.

Ⓓ
20 pulgs.
1 pulg.

¡Revisemos!

Marisa y Amelia están haciendo un jardín rectangular de 8 pies de longitud y 6 pies de ancho. Ellas planean poner una cerca alrededor del jardín con una separación entre postes de 2 pies. En cada esquina hay un poste. ¿Cuántos postes van a necesitar? ¿Cómo se relaciona la cantidad de postes con la cantidad de secciones?

Indica las maneras en que puedes mostrar las relaciones del problema.

- Puedo hacer un dibujo para mostrar las relaciones.

- Puedo dar la respuesta usando la unidad correcta.

> Piensa en todas las maneras en que puedes usar el razonamiento para resolver el problema.

Resuélvelo y explica tu razonamiento.

Ellas necesitan 14 postes. Cuando hago el dibujo, veo que hay cuatro secciones de 2 pies en cada uno de los lados de 8 pies. Por tanto, ellas necesitan 5 postes por cada lado.

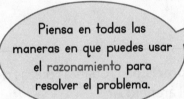

Hay tres secciones de 2 pies en cada uno de los lados de 6 pies. Los postes de las esquinas ya se muestran en los lados de 8 pies. Por tanto, marco 2 postes por cada ancho.

$(5 \times 2) + (2 \times 2) = 14$ postes

La cantidad de secciones es igual a la cantidad de postes.
$(4 \times 2) + (3 \times 2) = 14$ secciones

Razonar

Un granjero quiere construir una cerca en línea recta que tenga un poste cada 7 pies. En cada extremo hay un poste. Si la cerca mide 49 pies de longitud, ¿cuántos postes necesitará el granjero?

1. Describe las cantidades que se dan.

2. Indica cómo puedes mostrar las relaciones del problema.

3. Resuélvelo y explica tu razonamiento.

Día de maniobras

Miguel quiere hacer un arenero en su patio. Él necesita decidir qué diseño usar. Quiere rodear los bordes del arenero con piezas de madera de 2 pies de longitud. Cada pieza de madera cuesta $3. Cada pie cuadrado de arena cuesta $2.

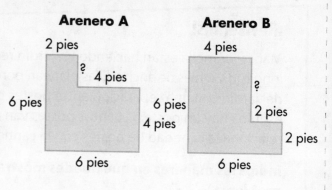

Arenero A   Arenero B

4. Entender y perseverar ¿Cuáles son las longitudes que faltan en el arenero A y el arenero B?

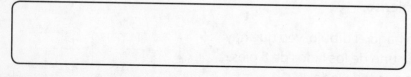

5. Hacerlo con precisión ¿Cuántas piezas de madera necesita Miguel para el arenero A?

6. Hacerlo con precisión ¿Cuántas piezas de madera necesita Miguel para el arenero B?

7. Usar la estructura ¿Cuál sería el precio de la madera que hay que comprar para el arenero A comparado con el precio de la madera para el arenero B? Explica cómo resolverlo sin calcular. ¿Por qué?

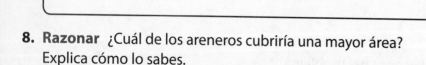

> Cuando uses el razonamiento, recuerda verificar las unidades que debes usar.

8. Razonar ¿Cuál de los areneros cubriría una mayor área? Explica cómo lo sabes.

Fotografías

Every effort has been made to secure permission and provide appropriate credit for photographic material. The publisher deeply regrets any omission and pledges to correct errors called to its attention in subsequent editions.

Unless otherwise acknowledged, all photographs are the property of Savvas Learning Company LLC.

Photo locators denoted as follows: Top (T), Center (C), Bottom (B), Left (L), Right (R), Background (Bkgd)

180 Jenoe/Fotolia.